새 교과서 완벽 반영 바르고 예쁜 글씨

글씨쓰기와 받아쓰기

국어 학습과 글씨쓰기의 기초 5

5-1 가

1. 인물의 말과 행동 22
2. 토의의 절차와 방법 32
3. 상황에 알맞은 낱말 40
4. 작품에 대한 생각 48
5. 대상의 특성을 살려 54
6. 말의 영향 70 *시조 쓰기 1 78

5-1 나

7. 낱말의 뜻 84
8. 문장의 구조 94
9. 추론하며 읽기 104
10. 글쓰기의 과정 112
11. 여러 가지 독서 방법 118
12. 문학에서 찾는 즐거움 124 *시조 쓰기 2 132

50가지 명언 쓰기 137
단원별 받아쓰기 급수표 145

도서출판 학은미디어

지도하시는 분(학부모, 교사)께

1. 국어 읽기와 쓰기는 전 교과 학습의 기초가 됩니다. 특히 글씨 쓰기는 두뇌 발달과 집중력 향상, 고운 심성을 기르는 데 매우 좋습니다.

2. 글씨를 잘 쓰면 자연스럽게 학습 동기가 유발되고, 모든 일에 자신감을 갖게 되며, 다른 학습에도 전이 효과가 매우 큽니다.

3. 연필 잡는 방법과 앉아 쓰는 자세는 글씨 쓰기에 큰 영향을 미치고, 신체 발육과 건강에도 관계됩니다. (국어 **1-가** 14~17쪽을 참조, 지속적으로 지도해 주십시오.)

4. 글씨를 잘 쓴다는 것은 바르고 예쁜 글자의 모양〔字形〕을 이룬다는 것이므로, 자형에 관심을 갖고 인식하도록 지도하는 것이 중요합니다.

5. 한글 자형의 구조를 관찰하여 인식하도록 도와줍시다.
   - 같은 낱자라도 자리잡는 위치와 어떤 낱자를 만나느냐에 따라 모양이 달라지기 때문에 획의 방향, 길이, 간격 등을 잘 관찰하면서 쓰도록 하면 효과가 큽니다.
   - 모범 글씨를 보고 쓴 자기 글씨를 비교·관찰하면서, 잘된 부분과 그렇지 않은 부분을 찾아보게 하면 바른 자형의 조건을 인식하는 데 도움이 됩니다.

6. 4등분된 네모 칸에 중심을 잡아 글자를 배치하는 것이 어린이들에겐 쉽지 않기 때문에 글자의 시작 지점〔始筆點〕 선정을 잘하도록 도와주세요.

7. 이 책은 국어 5~6학년군 ❺-1가/나 교과서를 바탕으로 국어 학습의 기초를 다지고, 바르고 아름다운 글씨체를 익힐 수 있도록 엮었습니다.

8. 하루에 너무 많은 분량을 쓰게 하면 글씨 쓰기에 흥미를 잃을 수 있습니다.

9. 막연한 칭찬보다는 구체적으로 지적하며 칭찬해 주는 것이 효과적입니다.

이 책의 구성과 활용 방법

바르고 고운 손글씨로 정통 글씨체를 체계적으로 충실히 익혀요.

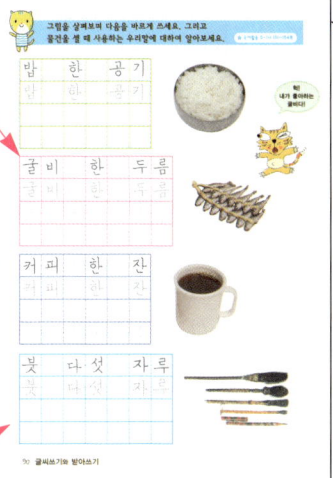

〈국어〉〈국어 활동〉 책의 내용이 골고루 담겨 있어, 국어 실력이 쑥쑥 자라나요.

5학년에게 필요한 우리 속담, 50가지 세계 명언을 쓰면서 익혀요.

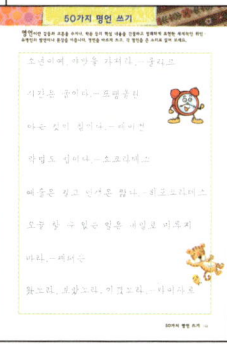

시원한 크기의 모눈 칸에 쓰도록 하여, 바르고 아름다운 글씨체를 재미있고 쉽게 익힐 수 있어요.

교과서 과목과 쪽수를 밝혀 예습, 복습에 편리해요. 특히 받아쓰기 연습에 안성맞춤이지요.

생생한 실물 사진과 재미있는 그림으로 학습 효과를 높였어요.

빈칸에 쓴 글씨는 지우개로 지우고 다시 연습해도 좋아요.

어린이가 꼭 알고 주의해야 할 사항을 지시문에 담았어요.

초등학교 5학년 수준에 맞는 영어 단어도 곁들여 더욱 재미있어요. (영어 발음은 참고용으로, 국제 음성 기호에 최대한 가까운 우리말 표기를 곁들였어요.)

흐린 글씨를 따라 쓰고 빈칸에 여러 번 써 봄으로써 충실한 쓰기 연습이 이루어져요.

실제 원고지와 똑같이 꾸며, 쓰기 연습을 하면서 원고지 사용법과 문장 부호의 쓰임새를 자연스럽게 익힐 수 있어요.

도움말을 곁들여 머릿속에 쏙쏙 들어와요.

한 민족이 고유한 언어를 가지고 있고, 그 언어를 기록할 수 있는 고유한 글자를 가지고 있다는 것은 참으로 자랑스러운 일입니다.

이 지구 상에서 사용되는 언어는 수천 가지에 이릅니다. 그러나 그 언어를 담아내는 글자를 가진 민족은 그 수보다 훨씬 적습니다.

우리도 세종 대왕께서 **훈민정음**, 즉 **한글**을 창제하시기 전까지는 중국의 한자를 빌려 사용하였습니다. 하지만, 배우기 쉽고 과학적인 한글을 갖게 됨으로써 민족에 대해 긍지를 갖게 되고, 문화와 문명도 더욱 발전하였지요.

그런데 기계 문명이 발달하고 세계화가 진행되면서 우리 말과 글이 날로 훼손되고 있습니다. 외래어를 마구 사용하고, 우리 말과 글을 이상야릇하게 왜곡하여 사용하며, 영어 등 다른 나라 말을 중요하게 여기는 경향이 있지요.

물론 세계화에 발맞추어 다른 나라 언어에도 관심을 기울여야 함은 당연합니다. 그러나 그보다 먼저 우리의 뿌리인 **국어**를 정확하게 알고, 바르게 사용할 줄 알아야 합니다.

이 책을 통해 바르고 아름다운 **글씨체**를 익히고, 아울러 **국어 학습**의 기초를 단단히 다져 국어 사랑, 나라 사랑을 실천하기 바랍니다.

— 엮은이 —

'훈민정음'은 '백성을 가르치는 바른 소리'란 뜻이에요. 백성을 위하는 마음이 빚어 낸 사랑의 발명품이지요.

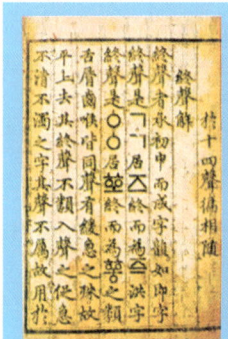

▲ '훈민정음'을 만들게 된 까닭, '훈민정음'에 대한 상세한 해설 등이 실린 책 〈훈민정음〉. 국보 제70호.

국어 학습과 글씨쓰기의 기초

- 자음자의 이름을 정확히 알고, 바르게 쓰면서 제대로 익힙니다.
- 자음자를 쓰는 순서에 맞게 바르게 써 봅니다.
- 모음자의 이름을 알고, 모음자를 쓰는 순서에 맞게 바르게 써 봅니다.
- 자음자와 모음자를 합하여 받침 없는 글자를 만들고, 써 봅니다.
- 받침 없는 글자와 자음자를 합하여 받침 있는 글자를 만들고, 순서에 맞게 바르게 써 봅니다.
- 문장 부호의 이름을 정확히 알고, 문장 부호를 바르게 써 봅니다.

자음자의 이름을 큰 소리로 읽으며 써 보세요.
특히 받침에 주의하세요.

✱ 국어 학습과 글씨쓰기의 기초

ㄱ 기역 기역 기역 기역 기역

ㄴ 니은 니은 니은 니은 니은

ㄷ 디귿 디귿 디귿 디귿 디귿

ㄹ 리을 리을 리을 리을 리을

ㅁ 미음 미음 미음 미음 미음

ㅂ 비읍 비읍 비읍 비읍 비읍

ㅅ 시옷 시옷 시옷 시옷 시옷

✱ 받침에 주의하며 익히세요. 각 자음자가 그대로 쓰입니다.

자음자의 이름을 큰 소리로 읽으며 써 보세요.
특히 받침에 주의하세요.

※ 국어 학습과 글씨쓰기의 기초

ㅇ	이응 이응 이응 이응 이응
ㅈ	지읒 지읒 지읒 지읒 지읒
ㅊ	치읓 치읓 치읓 치읓 치읓
ㅋ	키읔 키읔 키읔 키읔 키읔
ㅌ	티읕 티읕 티읕 티읕 티읕
ㅍ	피읖 피읖 피읖 피읖 피읖
ㅎ	히읗 히읗 히읗 히읗 히읗

ㄱ부터 ㅅ까지 자음자의 이름을 큰 소리로 읽고,
자음자를 순서에 맞게 바르게 써 보세요.

✿ 국어 학습과 글씨쓰기의 기초

기역	니은	디귿	리을	미음	비읍	시옷
ㄱ	ㄴ	ㄷ	ㄹ	ㅁ	ㅂ	ㅅ
ㄱ	ㄴ	ㄷ	ㄹ	ㅁ	ㅂ	ㅅ
ㄱ	ㄴ	ㄷ	ㄹ	ㅁ	ㅂ	ㅅ
ㄱ	ㄴ	ㄷ	ㄹ	ㅁ	ㅂ	ㅅ
ㄱ	ㄴ	ㄷ	ㄹ	ㅁ	ㅂ	ㅅ

ㅇ부터 ㅎ까지 자음자의 이름을 큰 소리로 읽고, 자음자를 순서에 맞게 바르게 써 보세요.

✱ 국어 학습과 글씨쓰기의 기초

이응	지읒	치읓	키읔	티읕	피읖	히읗
ㅇ	ㅈ	ㅊ	ㅋ	ㅌ	ㅍ	ㅎ
ㅇ	ㅈ	ㅊ	ㅋ	ㅌ	ㅍ	ㅎ
ㅇ	ㅈ	ㅊ	ㅋ	ㅌ	ㅍ	ㅎ
ㅇ	ㅈ	ㅊ	ㅋ	ㅌ	ㅍ	ㅎ
ㅇ	ㅈ	ㅊ	ㅋ	ㅌ	ㅍ	ㅎ

모음자 ㅏ, ㅑ, ㅓ, ㅕ, ㅗ, ㅛ, ㅜ를 순서에 맞게 바르게 쓰세요.
각 모음자의 이름을 큰 소리로 읽어 보세요.

❋ 국어 학습과 글씨쓰기의 기초

아	야	어	여	오	요	우
ㅏ	ㅑ	ㅓ	ㅕ	ㅗ	ㅛ	ㅜ
ㅏ	ㅑ	ㅓ	ㅕ	ㅗ	ㅛ	ㅜ
ㅏ	ㅑ	ㅓ	ㅕ	ㅗ	ㅛ	ㅜ
ㅏ	ㅑ	ㅓ	ㅕ	ㅗ	ㅛ	ㅜ
ㅏ	ㅑ	ㅓ	ㅕ	ㅗ	ㅛ	ㅜ

모음자 ㅠ, ㅡ, ㅣ, ㅐ, ㅒ, ㅔ, ㅖ를 순서에 맞게 바르게 쓰세요.
각 모음자의 이름을 큰 소리로 읽어 보세요.

✽ 국어 학습과 글씨쓰기의 기초

| 유 | 으 | 이 | 애 | 얘 | 에 | 예 |

자음자와 모음자를 합하여 글자를 만들고, 글씨를 써 보세요.
완성한 글자를 큰 소리로 읽어 보세요.

✱ 국어 학습과 글씨쓰기의 기초

모음자 / 자음자	ㅏ	ㅑ	ㅓ	ㅕ	ㅗ	ㅛ	ㅜ	ㅠ
ㄱ	가	갸	거	겨	고	교	구	규
ㄴ	나	냐	너	녀	노	뇨	누	뉴
ㄷ	다	댜	더	뎌	도	됴	두	듀
ㄹ	라	랴	러	려	로	료	루	류
ㅁ	마	먀	머	며	모	묘	무	뮤

자음자와 모음자를 합하여 글자를 만들고, 글씨를 써 보세요.
완성한 글자를 큰 소리로 읽어 보세요.

★ 국어 학습과 글씨쓰기의 기초

모음자 / 자음자	ㅏ	ㅑ	ㅓ	ㅕ	ㅗ	ㅛ	ㅜ	ㅠ
ㅂ	바	뱌	버	벼	보	뵤	부	뷰
ㅅ	사	샤	서	셔	소	쇼	수	슈
ㅇ	아	야	어	여	오	요	우	유
ㅈ	자	쟈	저	져	조	죠	주	쥬
ㅊ	차	챠	처	쳐	초	쵸	추	츄

자음자와 모음자를 합하여 글자를 만들고, 글씨를 써 보세요.
완성한 글자를 큰 소리로 읽어 보세요.

✱ 국어 학습과 글씨쓰기의 기초

모음자 / 자음자	ㅏ	ㅑ	ㅓ	ㅕ	ㅗ	ㅛ	ㅜ	ㅠ
ㅋ	카	캬	커	켜	코	쿄	쿠	큐
ㅌ	타	탸	터	텨	토	툐	투	튜
ㅍ	파	퍄	퍼	펴	포	표	푸	퓨
ㅎ	하	햐	허	혀	호	효	후	휴

자음자와 모음자를 합하여 글자를 만들어 빈칸에 써 보세요.
완성한 글자를 큰 소리로 읽어 보세요.

❋ 국어 학습과 글씨쓰기의 기초

모음자 자음자	ㅏ	ㅑ	ㅓ	ㅕ	ㅗ	ㅛ	ㅜ	ㅠ	ㅡ	ㅣ
ㄱ										
ㄴ										
ㄷ										
ㄹ										
ㅁ										
ㅂ										
ㅅ										
ㅇ										
ㅈ										
ㅊ										
ㅋ										
ㅌ										
ㅍ										
ㅎ										

받침 없는 글자에 자음자를 합하여 받침 있는 글자를 만들고, 바르게 쓴 다음 완성된 글자를 읽어 보세요.

✱ 국어 학습과 글씨쓰기의 기초

자음자 글 자	ㄱ	ㄴ	ㄷ	ㄹ	ㅁ	ㅂ	ㅅ	ㅇ
가	각	간	갇	갈	감	갑	갓	강
🍓	각	간	갇	갈	감	갑	갓	강
🍊								
🍈								
나	낙	난	낟	날	남	납	낫	낭
🍐	낙	난	낟	날	남	납	낫	낭
🍒								
🍑								
다	닥	단	닫	달	담	답	닷	당
🍇	닥	단	닫	달	담	답	닷	당
🍊								

받침 없는 글자에 자음자를 합하여 받침 있는 글자를 만들고, 바르게 쓴 다음 완성된 글자를 읽어 보세요.

✽ 국어 학습과 글씨쓰기의 기초

자음자 / 글자	ㅈ	ㅊ	ㅌ	ㅍ	ㅎ	ㅂ	ㅊ	ㅎ
가	갖	갗	같	갚	강	갑	갗	강
	갖	갗	같	갚	강	갑	갗	강
나	낮	낯	낱		낳	납	낯	낭
	낮	낯	낱		낳	납	낯	낭
다	닺	닻			당	답	닻	당
	닺	닻			당	답	닻	당

✽받침 없는 글자에 자음자를 합해 만드는 글자 중에는 사용되지 않는 글자들도 있습니다.

받침 없는 글자에 자음자를 합하여 받침 있는 글자를 만들고, 바르게 쓴 다음 완성된 글자를 읽어 보세요.

❈ 국어 학습과 글씨쓰기의 기초

자음자 / 글자	ㄱ	ㄴ	ㄷ	ㄹ	ㅁ	ㅂ	ㅅ	ㅇ
마	막	만	맏	말	맘	맙	맛	망
바	박	반	받	발	밤	밥	밧	방
아	악	안		알	암	압	앗	앙

받침 없는 글자에 자음자를 합하여 받침 있는 글자를 만들고, 바르게 쓴 다음 완성된 글자를 읽어 보세요.

✱ 국어 학습과 글씨쓰기의 기초

자음자 글자	ㅈ	ㅊ	ㅌ	ㅍ	ㅎ	ㅂ	ㅊ	ㅎ
마	맞		맡		망	맙		맣
	맞		맡		망	맙		맣
바			밭			밥		
			밭			밥		
아			앝	앞		압		
			앝	앞		압		

✱받침 없는 글자에 자음자를 합해 만드는 글자 중에는 사용되지 않는 글자들도 있습니다.

국어 학습과 글씨쓰기의 기초 19

문장 부호의 이름을 알고, 어떤 때에 쓰는지 알아보세요.
문장을 읽는 방법도 살펴보세요.

✱ 국어 학습과 글씨쓰기의 기초

. **(마침표)** 문장 끝에 씁니다. 쉼표보다 조금 길게 띄어 읽습니다.

마	침	표	.	.	.	.	.	.	.	.
마	침	표	.							
			.							

, **(쉼표)** 부르는 말이나 대답하는 말 뒤에 씁니다. 마침표보다 조금 짧게 띄어 읽습니다.

쉼	표	,	,	,	,	,	,	,	,
쉼	표	,							
		,							

! **(느낌표)** 느낌을 나타내는 문장 끝에 씁니다. 마침표와 같이 조금 길게 띄어 읽되, 느낌을 살려 읽습니다.

느	낌	표	!	!	!	!	!	!	!
느	낌	표	!						

? **(물음표)** 묻는 문장 끝에 씁니다. 마침표와 같이 조금 길게 띄어 읽되, 끝을 올려 읽습니다.

물	음	표	?	?	?	?	?	?	?
물	음	표	?						
			?						

✱마침표는 온점, 쉼표는 반점이라고도 합니다.

❺-1가 1~6단원

1. 인물의 말과 행동
인물의 생각을 자신의 생각과 비교하기

2. 토의의 절차와 방법
토의가 무엇인지 알아보고,
친구들과 토의하여 보기

3. 상황에 알맞은 낱말
자신의 생각을 효과적으로 표현하기

4. 작품에 대한 생각
작품을 소개하는 글 써 보기

5. 대상의 특성을 살려
올바른 띄어쓰기, 설명하는 글

6. 말의 영향
듣는 이를 고려하여 신중하게 말하기

'옹고집전'에 나오는 말을 바르게 쓰고 읽어 보세요.
그리고 각 말의 뜻을 이야기해 보세요.

✽ 국어 5-1 가 10~18쪽

떵떵거리다   좌수

저놈에게 곤장 삼십 대를 매우 쳐라!

몸져눕다   서슬 푸르다

예이~~

섧다   옹송망송하다   부적   형방

넙죽   반달이   밀창문   경치다

다음을 바르게 쓰고 실감 나게 읽어 보세요.
옹고집의 성격에 대하여 자유롭게 이야기해 보세요.

※ 국어 5-1가 10~18쪽

옹고집 어른, 서슬이 퍼럴군.

옹고집은 눈썹을 추켜세우고 드르륵 밀창문을 거세게 밀어젖혔다. 그리고 화가 머리끝까지 치밀어 고래고래 소리쳤다.
"중이 왔지 않느냐? 게 아무도 없느냐? 다들 뭣들 하는 것이냐?"

*물음표(?)와 느낌표(!) 다음에 글자가 올 때는 한 칸을 비우고 쓰고, 쉼표(,)나 마침표(.) 다음에 글자가 올 때는 한 칸을 비우지 않고 잇달아 써요.

발음이 같거나 비슷한 낱말을 바르게 쓰고, 서로 어떻게 다른지 잘 살펴보세요.

✱ 국어활동 5-1가 20~22쪽

열어 놓은 문이 갑자기
부는 세찬 바람에 닫혔다.

정신없이 달려가다 넘어져
서 무릎을 다쳤다.

일꾼 아저씨들께서 방에서
이삿짐을 들어내셨다.

옆집 아주머니께서 하얀
이를 드러내고 웃으셨다.

발음이 같거나 비슷한 낱말을 바르게 쓰고, 서로 어떻게 다른지 잘 살펴보세요.

★ 국어활동 5-1가 20~22쪽

노란빛을 띤 예쁜 장미

빨간 지붕이 눈에 띈다.

붓에 파란 물감을 묻히다.

나물을 조물조물 무치다.

밥솥에 쌀을 안치다.

아기를 무릎에 앉히다.

고무줄을 길게 늘이다.

아기 곰은 행동이 느리다.

1단원 인물의 말과 행동

1단원에 나오는 흉내말을 바르게 쓰고, 각각 어떤 모양이나 소리를 흉내 낸 말인지 이야기해 보세요.

✱ 국어, 국어활동 5-1 1단원

| 고래고래 | 절레절레 | 드르륵 |

화가 머리끝까지 치밀어 **고래고래** 소리쳤다.

고개를 **절레절레** 내저으며 신음 소리를 냈다.

드르륵 밀창문을 거세게 밀어젖혔다.

| 허겁지겁 | 꺼이꺼이 | 줄줄 |

할미 종이 **허겁지겁** 스님에게 달려가 나직하게 말했다.

옹고집은 신세가 서러워 **꺼이꺼이** 목 놓아 울었다.

가짜 옹고집이 물처럼 **줄줄** 엮어 내려갔다.

| 터덜터덜 | 쪼르르 | 우르르 |

나는 엄마에게 등 떠밀려 **터덜터덜** 집을 나왔다.

자리에 앉자마자 하나가 **쪼르르** 곁에 와서 물었다.

옹고집의 호통 소리에 종들이 **우르르** 달려 나왔다.

1단원에 나오는 흉내말을 바르게 쓰고, 각각 어떤 모양이나 소리를 흉내 낸 말인지 이야기해 보세요.

✱ 국어, 국어활동 5-1 1단원

| 느릿느릿 | 까르르 | 땅땅땅 |

지우는 느릿느릿 알림장을 꺼냈다.

뭐가 그리 좋은지 까르르 웃어 댔다.

긴 빗자루로 폐지함을 땅땅땅 두드렸다.

| 쩌렁쩌렁 | 꾸물꾸물 | 쾅쾅 |

누군가 쩌렁쩌렁 소리를 지르고 있다.

나는 꾸물꾸물 자리에서 일어나 뒤쪽 베란다로 갔다.

나는 벨을 누르고 문을 쾅쾅 두드렸다.

| 주렁주렁 | 슬근슬근 | 동동 |

지붕에 박이 열립니다. 주렁주렁 주렁주렁 주렁주렁…….

톱질하세 톱질하세 슬근슬근 톱질하세

모두 발을 동동 굴렀습니다.

우리 전통 악기인 국악기의 이름을 바르게 쓰고, 각 악기에 대해 알아보세요.

✱ 국어 활동 5-1가 12~19쪽

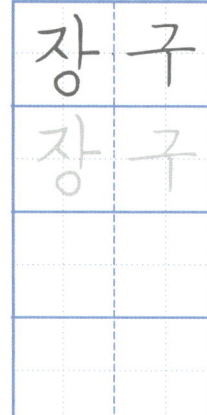

| 가야금 | 장구 | 소고 |

| 거문고 | 해금 | 깽깽이 | 퉁소 |

| 북 | 징 | 꽹과리 | 아쟁 | 편경 |

'동생 만들기 대작전'에 나오는 다음 문장을 바르게 쓰고, 지우에 대해 이야기해 보세요.

저 정도는 나도 풀 수 있는데.

지우는 마지못해 연필을 잡고 책을 들여다봤다. 몇 분이 지나도록 문제를 풀기는커녕 머리만 긁적이고 있었다. 일의 자리 숫자 세 개를 이용한 덧셈과 뺄셈이었다. 5학년인 나에게는 식은 죽 먹기였다.

1 + 2 + 4 = ?   9 − 1 − 6 = ?

받침에 주의하며 다음 문장을 바르게 쓰고, 큰 소리로 실감 나게 읽어 보세요.

✽ 국어, 국어활동 5-1 1단원

여러 흉측한 괴물이 쏟아져 나왔다네.

깜짝 놀란 친구들은 어쩔 줄 몰라 하였습니다.

어디선가 배추 썩는 듯한 퀴퀴한 냄새가 풍겨 왔다.

현주는 나를 보고도 알은체하지 않았다.

'일곱 발 열아홉 발'에 나오는 다음 낱말을 바르게 쓰고, 각 낱말의 뜻을 이야기해 보세요.

※ 국어 5-1가 31~42쪽

머리맡

본체만체

심란하다

게시판

구시렁대다

유치하다

공고문

불공평

지게차

난장판

폐지함

시장통

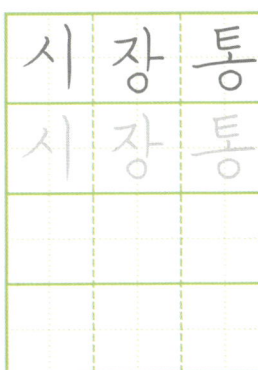

다음을 바르게 쓰고, 토의란 무엇인지, 토의의 절차와 방법 등에 대해 알아보세요.

★ 국어 5-1가 44~62쪽

일상생활에서 함께 해결
할 문제가 생겼을 때에
여럿이 함께 의견을 나누
다 보면 좀 더 좋은 방
법을 마련할 수 있습니다.

다음을 바르게 쓰고, 토의란 무엇인지, 토의의 절차와 방법 등에 대해 알아보세요.

※ 국어 5-1가 44~62쪽

여럿이 함께 의논했는데

도 불구하고 가장 좋은

방법을 선택하지 못하였을

때에는 더 많은 사람이

찬성하는 방법을 선택하기

도 합니다.

'찍찍이의 만화 영화 만들기'에 나오는 외래어를 바르게 쓰고, 영어 및 영어 발음도 꼼꼼히 살펴보세요.

✱ 국어활동 5-1가 30~55쪽

| 팝 콘 | 컴 퓨 터 | 신 시 사 이 저 |

popcorn[pápkɔːrn] 팝코온   **computer**[kəmpjúːtər] 컴퓨우터   **synthesizer**[sínθisàizər] 신시사이저

| 시 나 리 오 | 데 이 터 | 프 로 그 램 |

scenario[sinǽriòu] 시내리오우   **data**[déitə] 데이터   **program**[próugræm] 프로우그램

| 스 토 리 보 드 | 마 이 크 | 스 캐 너 |

storyboard[stɔ́ːribɔːrd] 스토오리보오드   **microphone**[máikrəfòun] 마이크러포운   **scanner**[skǽnər] 스캐너

34 글씨쓰기와 받아쓰기

지명 속 토박이말에 대해 알아보고, 다음을 바르게 쓰고 또박또박 읽어 보세요.

❋ 국어활동 5-1가 56~58쪽

강이나 내, 또는 좁은 바닷목에서 배가 건너다니는, 일정한 곳이 '나루'이다.

길이 나 있어서 넘어 다닐 수 있는, 높은 산의 고개를 '재'라고 한다.

'말'은 '마을'의 준말

넓고 평평하게 생긴 땅

일상적으로 쓰는 토박이말들입니다.
바르게 쓰고, 각 토박이말의 뜻도 알아보세요.

※ 국어활동 5-1가 56~58쪽

| 미리내 | 아버지 | 어머니 | 하늘 | 땅 |

| 가시버시 | 그루터기 | 동아리 | 비 |

| 무녀리 | 부지깽이 | 차돌박이 | 눈 |

| 시래기 | 쭉정이 | 자투리 | 품앗이 |

일상적으로 쓰는 토박이말들입니다.
바르게 쓰고, 각 토박이말의 뜻도 알아보세요.

★ 국어활동 5-1가 56~58쪽

| 미루 | 아라 | 길라잡이 | 시나브로 |

| 갈무리 | 아름드리 | 늘품 | 우수리 |

| 애오라지 | 도담도담 | 버금 | 가람 |

| 우듬지 | 꽃보라 | 마루 | 눈엣가시 |

다음을 바르게 쓰고, 큰 소리로 읽어 보세요.
여러분도 자신만의 낱말 사전을 만들어 보세요.

※ 국어활동 5-1 가 59쪽

믿음이란, 자전거를 타러 가며 언니가 혼자만 앞서 가지 않을 거라고 생각하는 것.

보람이란, 그동안 동전을 꾸준히 모은 덕분에 돼지 저금통이 꽉 찼을 때.

'이걸로 뭐 할까? 더

다음을 바르게 쓰고, 큰 소리로 읽어 보세요.
여러분도 자신만의 낱말 사전을 만들어 보세요.

✱ 국어활동 5-1 가 59쪽

큰 저금통을 살까?'

감사란, 자기가 가진 것

을 고맙게 여기는 마음.

'나는 오빠는 없지만

언니가 있고, 동생은 없

지만 곰 인형이 있고…….'

보람 믿음 감사 보람

다음을 바르게 쓰고, 큰 소리로 읽어 보세요.
여러 가지 뜻을 지닌 다의어에 대해 살펴보세요.

✱ 국어 5-1가 64~71쪽

햇빛에 눈이 부셔 얼굴을
찡그렸다.

우리나라 리듬 체조계에
새 얼굴이 등장하였습니다.

호박처럼 동그란 얼굴

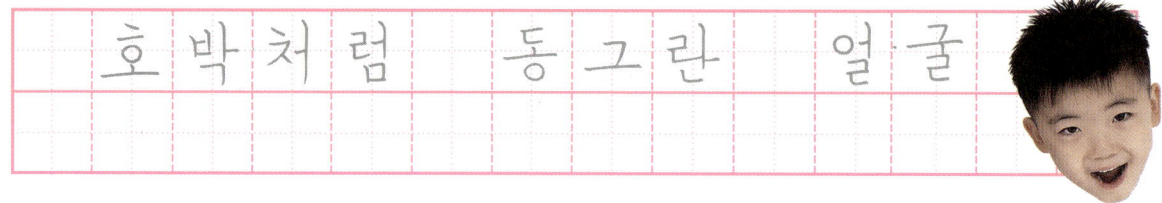

고려청자는 대한민국의 얼
굴이라고 할 만한 대표 문
화재입니다.

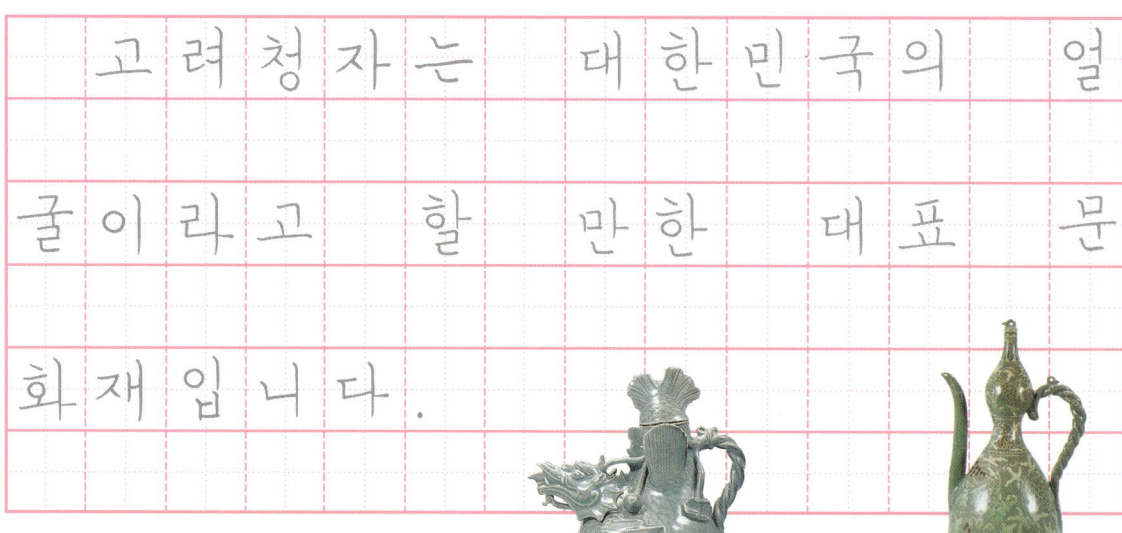

다음을 바르게 쓰고, 큰 소리로 읽어 보세요.
여러 가지 뜻을 지닌 다의어에 대해 살펴보세요.

✱ 국어 5-1가 64~71쪽

집을 비울 때는 꼭 문을 잠가야 한다.

우리나라의 대학은 좁은 문이라는 별명을 듣는다.

목이 긴 여자　　목을 가다듬다.

목이 긴 양말　　목 좋은 가게

감기에 걸려 목이 아프다.

목에 숨어 적을 기다렸다.

3단원 상황에 알맞은 낱말

다음을 바르게 쓰고, 큰 소리로 읽어 보세요.
여러 가지 뜻을 지닌 다의어에 대해 살펴보세요.

✽ 국어 5-1가 64~71쪽

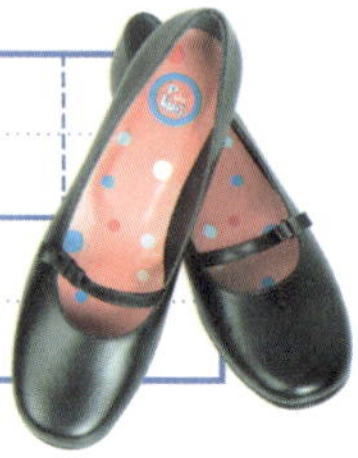

구두가 발에 꼭 맞다.

그 야구 선수는 발이 빨라 도루 왕에 올랐다.

그 사람은 그쪽 방면으로 발이 넓다.

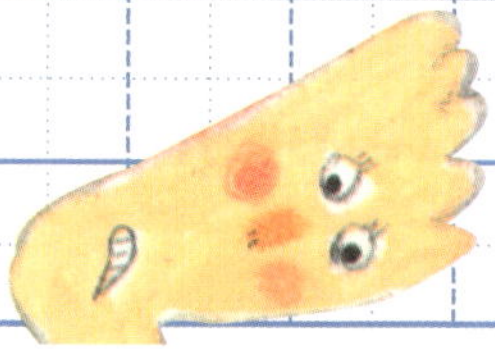

장롱에 발이 달려 있다.

한 발 앞으로 나오세요.

다음을 바르게 쓰고, 큰 소리로 읽어 보세요.
여러 가지 뜻을 지닌 다의어에 대해 살펴보세요.

※ 국어 5-1가 64~71쪽

손이 큰 어머니께서는 언제나 음식을 푸짐하게 차리셨다.

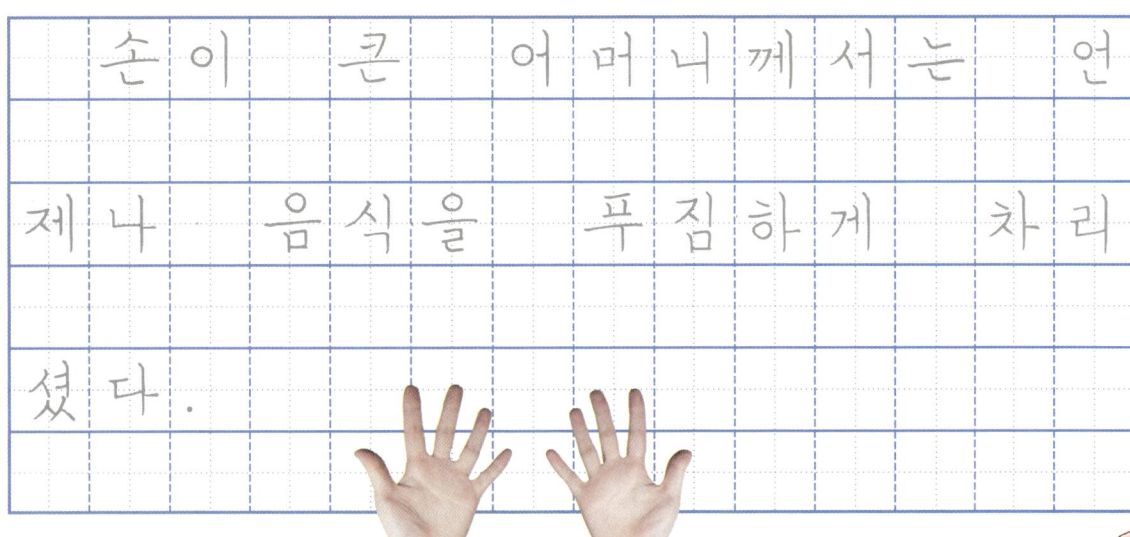

두 손 모아 기도하다.

손이 모자라 나도 일했다.

그 일은 손이 많이 간다.

집도 남의 손에 넘어갔다.

다음을 바르게 쓰고, 큰 소리로 읽어 보세요.
여러 가지 뜻을 지닌 다의어에 대해 살펴보세요.

* 국어 5-1가 64~71쪽

머리가 지끈지끈 아픈 게

감기에 걸린 모양이다.

우리 누나는 머리가 길다.

그녀는 우리 모임의 머리

노릇을 하고 있다.

저 멀리 고개를 넘어오는

버스의 머리가 보였다.

해 질 머리에 돌아왔다.

'우정에 대하여'에 나오는 다음 문장을 바르게 쓰고, 실감 나게 또박또박 읽어 보세요.

"걸으면서 나무와 돌도 살피고, 길가의 풀과 꽃도 살피고, 또 시냇물을 만나면 시냇물과도 이야기를 하는 거지요?"

"시냇물하고도?"

알맞은 발음을 살펴보며 다음 낱말을 바르게 쓰세요.
그리고 정확하게 읽어 보세요.

✱ 국어 활동 5-1가 72~74쪽

생산량	향신료	횡단로	등산로
생산냥	향신뇨	횡단노	등산노

임진란	반찬류	라면류	의견란
임진난	반찬뉴	라면뉴	의견난

판단력	세균류	상견례	계산력
판단녁	세균뉴	상견녜	계산녁

46 글씨쓰기와 받아쓰기

알맞은 발음을 살펴보며 다음 낱말을 바르게 쓰세요. 그리고 정확하게 읽어 보세요.

✱ 국어 활동 5-1가 72~74쪽

| 입원료 | 결단력 | 통신란 |

입원뇨   결단녁   통신난

| 난로 | 신라 | 한라산 | 천리 | 손난로 |

날로   실라   할라산   철리   손날로

| 칼날 | 진료비 | 반란군 | 천리만리 |

칼랄   질료비   발란군   철리말리

시의 표현에 대한 설명을 바르게 쓰고, 큰 소리로 읽어 보세요.
함축적인 표현의 예를 살펴보세요.

★ 국어 5-1가 79쪽

이야기 글은 표현하고자 하는 내용을 자세히 풀어서 쓴다. 그러나 시는 표현하고자 하는 내용을 사물에 빗대어 비유적으로 표현한다.

4단원에 나오는 시를 리듬을 살려 읽고, 다음 낱말을 바르게 쓰세요.

✽ 국어활동 5-1가 84~103쪽

| 비비추 | 나리 | 장끼 | 무릎 | 몽돌 |

| 새털구름 | 눈초리 | 분수 | 모서리 |

| 자작나무 | 뻥튀기 | 외딴섬 | 새알 |

| 옹심이 | 뒷걸음질 | 물새 |

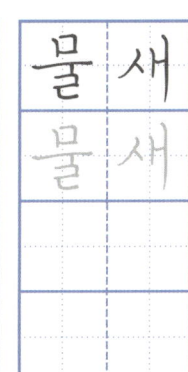

4단원 작품에 대한 생각

다음을 바르게 쓰고 또박또박 읽어 보세요.
한글과 한자, 로마자에 대해 이야기해 보세요.

✴ 국어활동 5-1가 86~88쪽

한글은 자음과 모음을 합쳐 스물네 자만 알면 글을 쓸 수 있어요.

한자는 천 글자만 알면 어느 정도 글을 쓸 수 있어요.

로마자는 알파벳 소문자와 대문자를 합친 쉰두 글자만 알면 글을 쓸 수 있어요.

다음을 바르게 쓰고 또박또박 읽어 보세요.
한글의 우수성에 대해 이야기해 보세요.

※ 국어활동 5-1가 86~88쪽

한글은 글자와 소리가 같기 때문에 자음과 모음을 합쳐 스물네 자만 알면 모든 글자를 읽을 수 있어요.

영어를 표기하는 로마자는 낱자 하나가 여러 가지로 발음되기도 해요. 그래서 읽기 어려워요.

영어는 읽기가 정말 어려워요.

여러 가지 곤충의 이름을 바르게 쓰세요.
그리고 영어 이름도 살펴보세요.

✿ 국어 5-1가 94쪽

butterfly [bʌ́tərflài]
버터플라이

ladybug [éidibʌ̀g] 레이디버그

cicada [sikéidə] 씨케이더

ant [ǽnt] 앤트

| 나 비 | 무 당 벌 레 | 매 미 | 개 미 |

mosquito [məskíːtou]
머스키이토우

dragonfly [drǽgənflài]
드래건플라이

fly [flái] 플라이

mantis [mǽntis] 맨티스

| 모 기 | 잠 자 리 | 파 리 | 사 마 귀 |

여러 가지 곤충의 이름을 바르게 쓰세요.
그리고 영어 이름도 살펴보세요.

❋ 국어 5-1가 94쪽

firefly [fáiərflài] 파이어플라이
moth [mɔ́ːθ] 모오쓰
cricket [kríkit] 크리킷

반딧불이
나방
귀뚜라미

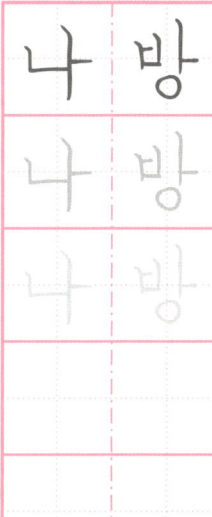

bee [bíː] 비이
caterpillar [kǽtərpìlər] 캐터필러
spider [spáidər] 스파이더
grasshopper [grǽshɑ̀pər] 그래스하퍼

벌
애벌레
거미
메뚜기

4단원 작품에 대한 생각

태극기에 대하여 설명한 다음 글을 바르게 써 보세요.
그리고 큰 소리로 또박또박 읽어 보세요.

🟦 국어 5-1가 106~107쪽

태극기의 흰색 바탕은 밝음과 순수, 그리고 평화를 사랑하는 우리의 민족성을 나타냅니다.

태극 문양은 양의 기운을 나타내는 빨간색과 음

태극기에 대하여 설명한 다음 글을 바르게 써 보세요.
그리고 큰 소리로 또박또박 읽어 보세요.

*국어 5-1가 106~107쪽

의 기운을 나타내는 파란색의 조화를 보여 줍니다. 이는 우주 만물이 양의 기운과 음의 기운의 조화를 바탕으로 하여 만들어지고 발전한다는 자연의 이치를 나타낸 것입니다.

민요는 순수하고 자연스러운 겨레의 노래입니다.
민요의 이름을 바르게 쓰면서 살펴보세요.

*국어 5-1가 108~109쪽

도라지 타령

새타령

농부가

늴리리야

한오백년

오돌또기

군밤 타령

수심가

이야홍

쾌지나 칭칭 나네

다음을 바르게 쓰고 큰 소리로 읽어 보세요.
특히 띄어쓰기를 주의 깊게 살펴보세요.

✱ 국어 5-1가 117~120쪽

공 굴리기, 줄다리기, 이어
달리기, 풍선 터뜨리기 등을
한 결과 청군이 3 대 1
로 백군을 이겼다.

우리 친척은 부산, 대구
및 창원에 주로 살고 있다.

비행기를 타 본 적이 없다.

우리 반은 강당 겸 체육
관에 모여 연습을 하였다.

문화유산이란 무엇이며, 어떤 것들이 있을까요?
다음을 바르게 쓰면서 알아보세요.

＊ 국어활동 5-1가 92~95쪽

문화유산이란 과거부터
전해져 오는 귀중한 문화
재나 정신적·물질적 문화
양식을 일컫는다. 문화유산
에는 유형 문화재와 무형
문화재가 있다. 유형 문화

문화유산이란 무엇이며, 어떤 것들이 있을까요?
다음을 바르게 쓰면서 알아보세요.

✱ 국어활동 5-1가 92~95쪽

재는 형체가 있는 문화재
로 궁궐, 성곽, 불상 등을
말한다. 무형 문화재는 형
체가 없는 것으로 공예
기술, 무용, 연극, 탈춤 등
을 말한다.

악기의 종류에 대해 설명한 다음 글을 바르게 쓰고, 여러 가지 악기에 대해 알아보세요.

✱ 국어 5-1가 113~116쪽

　　현악기는　줄을　튕기거나
마찰시키는　방법으로　소리
를　내는　악기이다.　현악기
에는　바이올린,　하프,　첼로
등이　있다.
　　관악기는　입으로　불어서
관　안의　공기를　진동시켜
소리를　내는　악기이다.　관

악기의 종류에 대해 설명한 다음 글을 바르게 쓰고, 여러 가지 악기에 대해 알아보세요.

✱ 국어 5-1가 113~116쪽

악기에는 플루트, 트럼펫, 클라리넷 등이 있다.

타악기는 손이나 채로 치거나 부딪쳐서 소리를 내는 악기이다. 타악기에는 탬버린, 큰북, 작은북, 실로폰 등이 있다.

여러 가지 악기의 이름을 바르게 쓰고 각 악기에 대해 이야기해 보세요.

✱ 국어 5-1가 113~116쪽

violin[vàiəlín] 바이얼린

piano[piǽnou] 피애노우

xylophone[záiləfòun] 자일러포운

바	이	올	린
바	이	올	린
바	이	올	린

피	아	노
피	아	노
피	아	노

실	로	폰
실	로	폰
실	로	폰

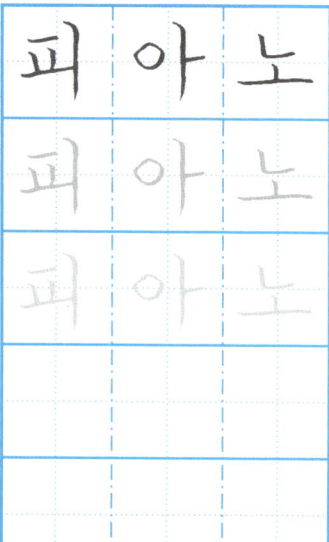

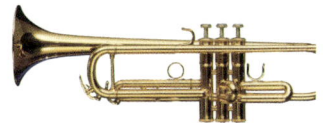

clarinet[klǽrənét] 클래러넷

saxophone[sǽksəfòun] 쌕서포운

trumpet[trʌ́mpit] 트럼핏

클	라	리	넷
클	라	리	넷
클	라	리	넷

색	소	폰
색	소	폰
색	소	폰

트	럼	펫
트	럼	펫
트	럼	펫

여러 가지 악기의 이름을 바르게 쓰고 각 악기에 대해 이야기해 보세요.

★ 국어 5-1가 113~116쪽

drum [drʌm] 드럼

북
북
북

castanets [kæ̀stənéts] 캐스터네츠

캐스터네츠
캐스터네츠
캐스터네츠

tambourine [tæ̀mbərí:n] 탬버리인

탬버린
탬버린
탬버린

guitar [gitá:r] 기타아

기타
기타
기타

recorder [rikɔ́:rdər] 리코오더

리코더
리코더
리코더

triangle [tráiæ̀ŋgl] 트라이앵글

트라이앵글
트라이앵글
트라이앵글

5단원 대상의 특성을 살려

띄어쓰기에 주의하며 다음을 바르게 써 보세요.
무엇을 설명한 글인가요?

오천 원짜리 지폐의 한 가운데에는 집이 한 채 그려져 있습니다. 그곳은 이이가 태어난 곳인데 신사임당이 이곳에서 용꿈을 꾸고 이이를 낳았다고 하

띄어쓰기에 주의하며 다음을 바르게 써 보세요.
무엇을 설명한 글인가요?

여 몽룡실로 불립니다. 몽

룡실 뒤쪽으로는 대나무

숲이 그려져 있습니다. 이

것은 이이가 태어난 오죽

헌을 표현한 것입니다.

뜻이 비슷한 낱말을 바르게 쓰고, 낱말의 뜻이 서로 어떻게 다른지 알아보세요.

✱ 국어활동 5-1가 104~106쪽

얼큰하다 　 매콤하다 　 맵다

가꾸다 　 보살피다 　 키우다

뜨겁다 　 후텁지근하다 　 무덥다

뜻이 비슷한 낱말을 바르게 쓰고, 낱말의 뜻이 서로 어떻게 다른지 알아보세요.

✱ 국어활동 5-1가 104~106쪽

새콤달콤 자두 먹고 싶어.

| 시다 | 시콤하다 | 새콤하다 |

| 자라다 | 크다 | 성장하다 |

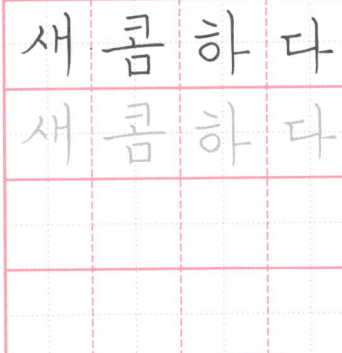

| 바꾸다 | 변하다 | 달라지다 |

5단원 대상의 특성을 살려

'지구는 우리가 관리할게'를 소리 내어 읽고, 다음을 바르게 쓰세요. 그리고 유엔에 대하여 이야기해 보세요.

❋ 국어활동 5-1가 96~103쪽

Korea [kɔríːə] 커리이어

대한민국

America [əmérikə] 어메리커

미국

Newyork [njúːjɔːrk] 뉴우요오크

뉴욕

Japan [dʒəpǽn] 저팬

일본

Italy [ítəli] 이털리

이탈리아

Russia [rʌ́ʃə] 러셔

러시아

Canada [kǽnədə] 캐너더

캐나다

* 미국의 정식 명칭은 USA(United States of America), 영국의 정식 명칭은 UK(United Kingdom)입니다.

'지구는 우리가 관리할게'를 소리 내어 읽고, 다음을 바르게 쓰세요. 그리고 유엔에 대하여 이야기해 보세요.

Netherlands [néðərləndz] 네덜런즈

Hague [héig] 헤이그

Spain [spéin] 스페인

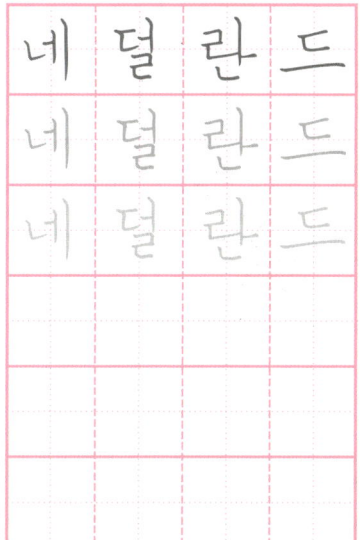
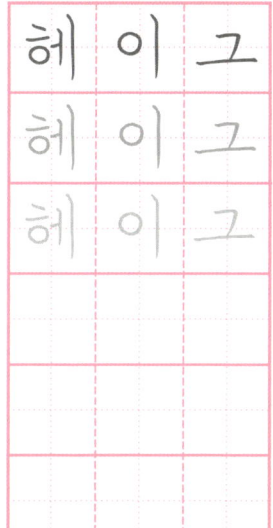
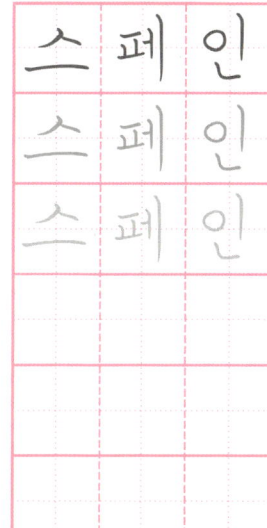

Kuwait [kuwéit] 쿠웨이트

England [íŋglənd] 잉글런드

China [tʃáinə] 촤이너

Germany [dʒə́ːrməni] 저어머니

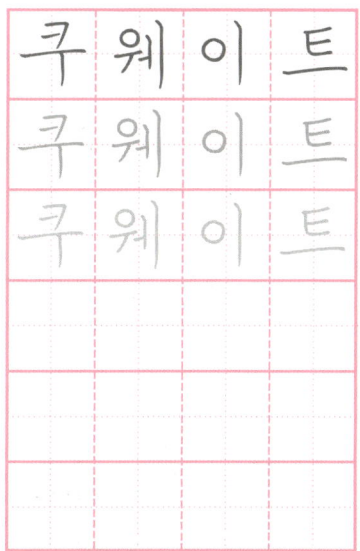
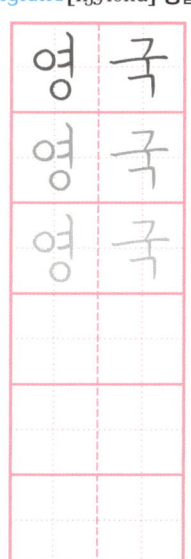
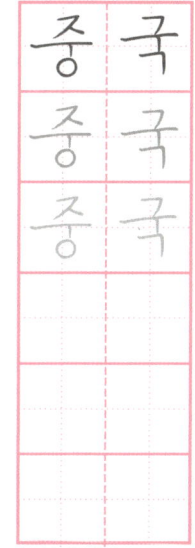

5단원 대상의 특성을 살려

다음 속담을 바르게 쓰고 큰 소리로 읽어 보세요.
그리고 말의 영향에 대해 이야기해 보세요.

✽ 국어 5-1가 124~125쪽

가루는 칠수록 고와지고

말은 할수록 거칠어진다.

말이 씨 된다.

가는 말이 고와야 오는

말이 곱다.

말 한마디에 천 냥 빚도

갚는다.

화살은 쏘고 주워도 말은

하고 못 줍는다.

다음 낱말을 바르게 쓰고, 소리 내어 읽어 보세요.
각 낱말이 주는 느낌에 대하여 이야기해 보세요.

✱ 국어 5-1가 126~130쪽

거짓말	어리석다	싸움	비꼬다
질투하다	밉다	바보	속이다
무시하다	실패	복수	싫어하다
비난하다	욕하다	짜증	불평

6단원 말의 영향 7

다음 낱말을 바르게 쓰고 소리 내어 읽어 보세요.
각 낱말이 주는 느낌에 대하여 이야기해 보세요.

✱ 국어 5-1가 126~130쪽

| 미소 | 사랑 | 정직 | 웃음 | 아름답다 |

| 용서하다 | 칭찬하다 | 희망 | 믿음 |

| 용기 | 진실 | 행복하다 | 따뜻하다 |

| 축하하다 | 존경하다 | 훌륭하다 |

다음을 바르게 쓰고 큰 소리로 읽어 보세요.
그리고 말이 미치는 영향에 대하여 이야기해 보세요.

※ 국어 5-1가 129~130쪽

빈민가의 불량소년, 꼴찌소년, 놀림과 따돌림을 받던 흑인 소년을 오늘날의 벤 카슨으로 변화시킨 것은 바로 그의 어머니가 해 준 말 한마디였다.
"벤, 넌 할 수 있어. 무엇이든 할 수 있어."

*마침표 다음에 따옴표가 올 때에는 한 칸에 함께 써요.

주변 사람들에게 어떻게 말하면 좋을까요? 다음을 쓰면서 자신의 말하기 습관에 대해 생각해 보세요.

*국어 5-1가 143~144쪽

말하기 전에 듣는이가 처한 상황을 고려한다.

듣는이에게 미칠 영향을 생각하며 말할 내용을 정한다.

듣는이에게 말하는 의도와 마음이 잘 드러나게 표현한다.

다음을 바르게 쓰고 또박또박 읽어 보세요.
글쓴이는 어떤 말을 하고 싶었을까요?

✱ 국어활동 5-1가 114~117쪽

"네가 아주 똑똑하기 때문이란다. 어떤 사람의 혀도 너의 총명한 두뇌를 쫓아올 수는 없거든."

"만일 실패가 무엇인지 모른다면 너는 영원히 성공하는 법도 알 수 없을 것이다."

다음 낱말을 쓰는 순서에 맞게 바르게 쓰고, 받침의 발음에 주의하며 또박또박 읽어 보세요.

＊국어활동 5-1가 118~120쪽

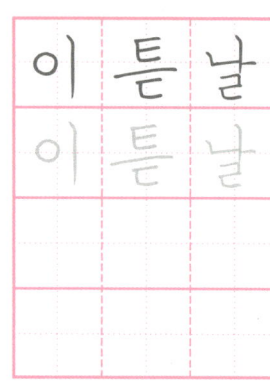

 콘물
 난말
 온맵씨
 이튼날
 인는

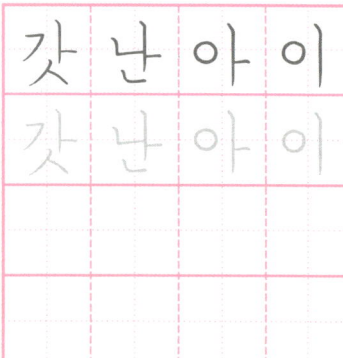

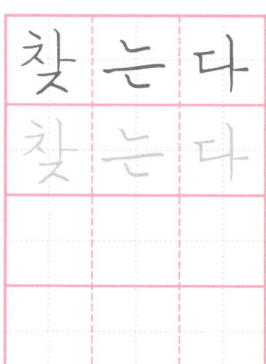

 간난아이
 논는다
 꼰눈
 찬는다

 밤물
 놈나지
 암머리
 날임니다

다음 낱말을 쓰는 순서에 맞게 바르게 쓰고, 받침의 발음에 주의하여 또박또박 읽어 보세요.

✱ 국어활동 5-1가 118~120쪽

앞마당　속상합니다　있습니다

암마당　속상함니다　있슴니다

국물　각목　박물관　백만　깎는다

궁물　강목　방물관　뱅만　깡는다

부엌문　읽는　흙냄새　국민　먹는

부엉문　잉는　흥냄새　궁민　멍는

6단원 말의 영향

예로부터 전하여 오는 속담을 바르게 쓰고, 각 속담에 담긴 뜻을 알아보세요.

✱ 국어 활동 5-1가 131~136쪽

가는 날이 장날

가는 날이 장날

가는 말이 고와야 오는 말이 곱다

가는 말이 고와야 오는 말이 곱다

가랑비에 옷 젖는 줄 모른다

가랑비에 옷 젖는 줄 모른다

가재는 게 편

가재는 게 편

낙숫물이 댓돌을 뚫는다

낙숫물이 댓돌을 뚫는다

예로부터 전하여 오는 속담을 바르게 쓰고, 각 속담에 담긴 뜻을 알아보세요.

✱ 국어 활동 5-1가 131~136쪽

남의 눈에 눈물 내면 제 눈에는 피눈물이 난다

남의 눈에 눈물 내면 제 눈에는 피눈물이 난다

낫 놓고 기역 자도 모른다

낫 놓고 기역 자도 모른다

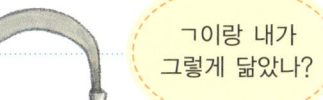

그이랑 내가 그렇게 닮았나?

낮말은 새가 듣고 밤말은 쥐가 듣는다

낮말은 새가 듣고 밤말은 쥐가 듣는다

달걀로 바위 치기

달걀로 바위 치기

누가 이기나 한번 쳐 봐!

닭 쫓던 개 지붕 쳐다보듯

닭 쫓던 개 지붕 쳐다보듯

꼬꼬 너 빨리 내려와!

속담 익히고 쓰기

예로부터 전하여 오는 속담을 바르게 쓰고, 각 속담에 담긴 뜻을 알아보세요.

❋ 국어 활동 5-1가 131~136쪽

도둑이 제 발이 저리다

도둑이 제 발이 저리다

두 손뼉이 맞아야 소리가 난다

두 손뼉이 맞아야 소리가 난다

말로는 못할 말이 없다

말로는 못할 말이 없다

말 한마디에 천 냥 빚도 갚는다

말 한마디에 천 냥 빚도 갚는다

목마른 놈이 우물 판다

목마른 놈이 우물 판다

예로부터 전하여 오는 속담을 바르게 쓰고, 각 속담에 담긴 뜻을 알아보세요.

※ 국어 활동 5-1가 131~136쪽

믿는 도끼에 발등 찍힌다
믿는 도끼에 발등 찍힌다

바늘 가는 데 실 간다
바늘 가는 데 실 간다

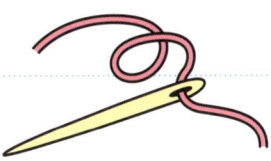

발 없는 말이 천 리 간다
발 없는 말이 천 리 간다

백지장도 맞들면 낫다
백지장도 맞들면 낫다

빈 수레가 요란하다
빈 수레가 요란하다

예로부터 전하여 오는 속담을 바르게 쓰고, 각 속담에 담긴 뜻을 알아보세요.

사공이 많으면 배가 산으로 간다
사공이 많으면 배가 산으로 간다

사람은 지내봐야 안다
사람은 지내봐야 안다

세 살 적 버릇이 여든까지 간다
세 살 적 버릇이 여든까지 간다

소 잃고 외양간 고친다
소 잃고 외양간 고친다

머지않아 외양간 고치겠군.

❺-1나 7~12단원

7. 낱말의 뜻
낱말의 뜻 짐작하며 글 읽기

8. 문장의 구조
문장을 구성하는 성분과 호응 관계를 알고 읽은 책에 대한 소감 쓰기

9. 추론하며 읽기
내용을 추론하며 글 읽기

10. 글쓰기의 과정
글의 짜임을 생각하며 주장하는 글 쓰기

11. 여러 가지 독서 방법
글의 읽는 종류나 읽는 목적에 따른 읽기

12. 문학에서 찾는 즐거움
말하는 이와 자신의 관점 비교하기

'아이들에게'와 '니 꿈은 뭐이가'에 나오는 낱말을 바르게 쓰고, 각각 어떤 뜻으로 쓰였는지 이야기해 보세요.

✱ 국어 5-1나 162~165, 185~196쪽

강목	골똘히	어영부영	손수
한창때	법첩	분해서	좇으며
어름어름	너울너울	가로질러

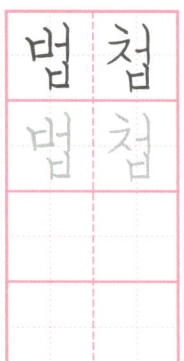

하라는 공부는 하지 않고 장난만 친다니까.

| 대목 |

'꿈을 나르는 책 아주머니'에 나오는 다음 낱말을 바르게 쓰고, 각각 어떤 뜻으로 쓰였는지 이야기해 보세요.

*국어 5-1나 166~177쪽

나부랭이	헛기침	물물 교환
단호하게	어김없이	잡동사니
감싸고	묶어가라고	무릅쓰고
한낱	보잘것없어요	

꿈을 나르는 아주머니? 우아, 멋져!

7단원 낱말의 뜻 85

'니 꿈은 뭐이가?'에 나오는 문장을 바르게 쓰고, 리듬을 살려 읽어 보세요.

✱ 국어 5-1나 184~196쪽

노름으로 어름어름 재산 다 날리다.

화병으로 시름시름 앓기 했다.

조그만 손으로 조물조물 집안일을 했다.

너덜너덜 짚신 신고 덜컹 덜컹 소달구지 탔지.

'니 꿈은 뭐이가?'에 나오는 문장을 바르게 쓰고, 리듬을 살려 읽어 보세요.

온 마을이 들썩들썩, 내 마음도 들썩들썩.

너무 놀라 비행기가 부릉부릉, 눈앞이 기우뚱기우뚱.

온 세상이 눈앞에서 너울너울 춤을 추네.

어느 날 니 몸이 훨훨 날아오를 거야.

그림을 살펴보며 다음을 바르게 쓰세요. 그리고 물건을 셀 때 사용하는 우리말에 대하여 알아보세요.

✱ 국어활동 5-1나 151~154쪽

두부 한 모

고등어 한 손

포도 한 송이

배추 두 포기

그림을 살펴보며 다음을 바르게 쓰세요. 그리고 물건을 셀 때 사용하는 우리말에 대하여 알아보세요.

✱ 국어활동 5-1나 151~154쪽

밤		두		톨
밤		두		톨

시	금	치		한		단
시	금	치		한		단

그	림		세		점
그	림		세		점

양	말		한		켤	레
양	말		한		켤	레

7단원 낱말의 뜻 89

그림을 살펴보며 다음을 바르게 쓰세요. 그리고 물건을 셀 때 사용하는 우리말에 대하여 알아보세요.

✱ 국어활동 5-1나 151~154쪽

밥 한 공기

헉! 내가 좋아하는 굴비다!

굴비 한 두름

커피 한 잔

붓 다섯 자루

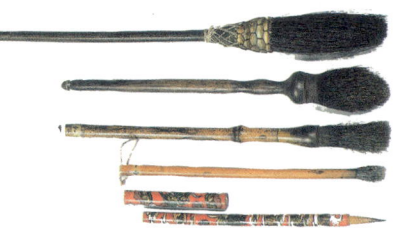

다음 글을 바르게 쓰고 큰 소리로 읽어 보세요.
그리고 역경에 대하여 이야기해 보세요.

✱ 국어 5-1나 197쪽

역경을 견뎌 낸 나무

혹독한 환경을 견뎌 낸

나무가 명품 바이올린이

된다고 합니다.

역경을 견뎌 낸 사람이

더 아름답습니다.

'꽃들에게 희망을'에서 가려 뽑은 다음 낱말을 바르게 쓰고, 각 낱말의 뜻을 알아보세요.

※ 국어활동 5-1나 156~165쪽

| 애벌레 | 초록빛 | 유난히 | 온갖 |

| 겨를 | 잇달아 | 장애물 | 밑바닥 |

| 결단 | 짓밟고 | 혼잣말 | 어느덧 |

| 상황 | 게시판 | 밑그림 | 백지장 |

속담에 대하여 설명한 다음 글을 바르게 쓰고, 큰 소리로 읽어 보세요.

속담은 예로부터 전하여 오는 삶의 지혜와 교훈이 담긴 말입니다. 속담을 사용하면 자신의 생각이나 느낌을 효과적으로 전할 수 있습니다.

주어와 서술어로 이루어진 문장들입니다.
바르게 쓰고 주어와 서술어를 말해 보세요.

★ 국어 5-1나 198~202쪽

토끼가 뛰어간다.

동생은 초등학생이다.

하늘이 파랗다.

가방이 가볍다.

나는 학생이다.

아기가 잔다.

주어, 서술어, 목적어로 이루어진 문장들입니다.
바르게 쓰고 주어와 서술어, 목적어를 말해 보세요.

✱ 국어 5-1나 198~202쪽

나는 밥을 먹는다.

합창단이 노래를 부른다.

동생이 강아지를 좋아하였다.

새가 하늘을 난다.

코끼리가 물을 마신다.

우리는 춤을 춘다.

8단원 문장의 구조

문장 성분 간의 호응 관계를 생각하며
다음을 바르게 쓰고 큰 소리로 읽어 보세요.

✽ 국어 5-1나 198~205쪽

숲 속에는 새가 지저귀고 있다.

나는 동생보다 몸무게가 더 무겁다.

나는 형보다 키가 크다.

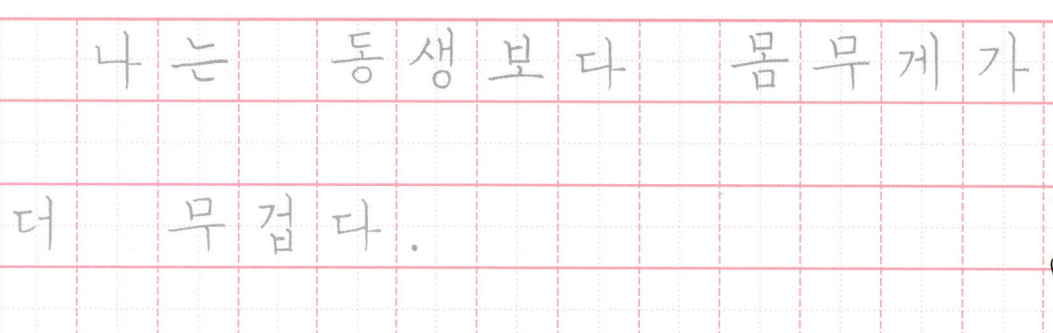

그것은 결코 위험한 행동이 아니다.

그것은 위험한 행동이다.

문장 성분 간의 호응 관계를 생각하며 다음을 바르게 쓰고 큰 소리로 읽어 보세요.

✱ 국어 5-1나 198~205쪽

도서관에는 새로운 책이 전혀 없다.

도서관에는 새로운 책이 꽤 있다.

나는 여행 다니는 것을 별로 좋아하지 않는다.

나는 여행 다니는 것을 매우 좋아한다.

'갈매기에게 나는 법을 가르쳐 준 고양이'를 읽고 다음을 바르게 쓰세요. 각각의 뜻도 이야기해 보세요.

*국어 5-1나 206~220쪽

구멍을 뚫는

엷은 자줏빛

빗줄기에 젖은

혀로 핥아

틀림없어

등댓불

은빛 깃털

눈물을 닦아

까닭

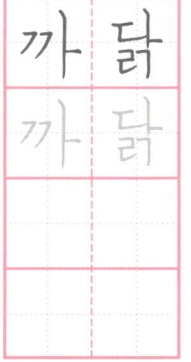

'갈매기에게 나는 법을 가르쳐 준 고양이'를 읽고 다음을 바르게 쓰세요. 각각의 뜻도 이야기해 보세요.

※ 국어 5-1나 206~220쪽

옳아

돌멩이

어엿한 숙녀

애정을 쏟다

조그맣게

팔랑개비

기름을 덮어쓴

벌어진 틈새

뾰족한 물체

문장 부호에 주의하며 다음을 바르게 쓰세요.
그리고 실감 나게 읽어 보세요.

※ 국어 5-1나 206~220쪽

"너 아무 데나 함부로 똥을 싸면 안 돼!"

"원숭이 아저씨, 무슨 말을 그렇게 해요?"

"새들이 하는 일이라곤 그것밖에 없지. 똥 누는 것 말이야. 그리고 너도 새잖아."

새들이 하는 일이라곤 똥 누는 것밖에 없지.

문장 부호에 주의하며 다음을 바르게 쓰세요.
그리고 실감 나게 읽어 보세요.

※ 국어 5-1나 206~220쪽

"너는 갈매기야. 그러니 갈매기들의 운명을 따라야지. 너는 하늘을 날아야 해. 아포르투나다, 네가 날 수 있을 때 너는 진정한 행복을 느낄 수 있을 거야."

김치와 관련된 재미있는 말을 바르게 쓰고, 각각의 뜻도 살펴보세요.

✻ 국어활동 5-1나 178~181쪽

서거리김치	깍두기	겉절이
생채	섞박지	싱건지	묵은지
중걸이김치	미친 김치	반지
지레김치	촛국 김치

김치와 관련된 속담을 바르게 쓰고, 각 속담의 뜻도 알아보세요.

✻ 국어활동 5-1나 178~181쪽

열무김치 맛도 안 들어서 군내부터 난다

떡 줄 사람은 꿈도 안 꾸는데 김칫국부터 마신다

김칫국 먹고 수염 쓴다

양반 김칫국 떠먹듯

김칫국 채어 먹은 거지 떨듯

책을 고를 때에 고려할 점입니다.
바르게 쓰고, 큰 소리로 읽어 보세요.

※ 국어활동 5-1나 188~191쪽

제목을 보고 자신이 관심
있는 내용인지 살펴본다.

그림이 재미있는지 살펴본
다.

분량이 읽기에 적절한지
살펴본다.

차례를 보고 자신이 관심
있어 하는 내용인지 살핀다.

다음을 바르게 쓰고 큰 소리로 읽어 보세요.
무엇에 대하여 설명한 글인가요?

책을 훑어보면서 그림이 어떤지, 글자가 많은지, 어려운 낱말은 얼마나 있는지 등을 살펴보면 책의 내용이 얼마나 어려운지 추론하는 데 도움이 돼요.

다음을 바르게 쓰고, 또박또박 읽어 보세요. 그리고 백선행의 좌우명에 대하여 이야기해 보세요.

*국어 5-1 나 239~244쪽

먹기 싫은 것 먹고, 입

기 싫은 옷 입고, 하기

싫은 일 하고.

내가 번 돈을 우리 민

족을 위하여 써야겠다. 재

산을 사회에 돌리는 거야.

다음을 바르게 쓰고, 또박또박 읽어 보세요. 그리고 백선행의 좌우명에 대하여 이야기해 보세요.

*국어 5-1 나 239~244쪽

너희는 조선의 아들딸이다. 졸리다고 자지 말고 놀고 싶다고 놀지 마라. 공부하기 싫어도 늘 책과 벗해라. 너희가 공부를 잘 해야 우리나라가 잘된다.

다음을 바르게 쓰고, 또박또박 읽어 보세요. 그리고 백선행의 좌우명에 대하여 이야기해 보세요.

✱ 국어 5-1 나 239~244쪽

'돈이 무엇인가? 내가

가졌다가 남이 가지고

이렇게 돌고 도는 게

돈이 아닌가. 하느님이

나를 이 세상에 보내

주셨으니 멋진 일이나

하고 가야겠다.'

다음을 바르게 쓰고, 또박또박 읽어 보세요.
그리고 무엇에 대한 설명인지 이야기해 보세요.

※ 국어활동 5-1나 192~197쪽

사람의 눈에는 모습이나 색깔이 또렷이 보입니다.

강아지는 멀리 있는 사람을 잘 볼 수도 없고 색깔도 구별하지 못합니다.

개구리는 움직이는 물체만 볼 수 있습니다. 아무리 멋진 풍경이라고 해도 흐릿한 회색 배경으로만 보입니다.

다음을 바르게 쓰고, 또박또박 읽어 보세요.
그리고 무엇에 대한 설명인지 이야기해 보세요.

❋ 국어활동 5-1나 192~197쪽

뱀은 피부에서 나오는 적외선을 볼 수 있기 때문에 옷 안의 피부까지 볼 수 있습니다. 뱀 앞에서는 옷을 입어도 벗은 것과 같습니다.

곤충은 수많은 눈으로 이루어진 겹눈을 가지고 있습니다. 곤충의 눈에는 세상이 모자이크 화면처럼 보입니다.

다음을 바르게 쓰고 큰 소리로 읽어 보세요.
애오라지, 애면글면의 뜻도 말해 보세요.

*국어활동 5-1나 198~200쪽

주머니에는 애오라지 백원짜리 동전 하나밖에 없다.

남은 것이 애오라지 이것밖에 없단 말인가요?

내가 몇 날 며칠 동안 애면글면 그린 그림에 친구가 물을 쏟았다.

몹시 힘겨운 일을 이루려고 갖은 애를 쓰는 모양.

다음을 바르게 쓰고 큰 소리로 읽어 보세요.
그리고 글쓰기의 과정에 대하여 잘 살펴보세요.

✱ 국어 5-1나 248~249쪽

글을 쓸 때에는 어떤

목적으로 누구에게 쓸 것

인지 계획하고, 쓸 내용을

모아 정리한 뒤에 이를

글로 쓰고, 다시 고쳐 쓰

는 과정을 거치게 됩니다.

다음은 퇴계의 어머니가 늘 자녀들에게 한 말입니다.
바르게 쓰면서 마음속에 새겨 보세요.

"글공부를 한다고 글이나 잘 외고 짓는 것만을 일삼아서는 못쓰느니라! 그보다도 몸가짐을 단정히 하고 모든 행동을 예의 바르게 하는 것이 중요한 일이니라."

스마트폰과 관련된 글입니다. 바르게 쓰고, 스마트폰 사용에 대하여 생각해 보세요.

＊ 국어 5-1나 252~254쪽

스마트폰으로 인한 눈

질환을 예방하려면 화면과

눈 사이의 거리를 적어도

30센티미터 이상 떨어지도

록 유지하여야 한다. 흔들

리는 차 안이나 밝은 실

외에서는 스마트폰 사용을

스마트폰과 관련된 글입니다. 바르게 쓰고, 스마트폰 사용에 대하여 생각해 보세요.

자제하는 것도 눈 질환을 막는 방법이다. 또, 20분간 스마트폰을 사용하였으면 20~30초가량 10미터 이상 떨어진 나무나 먼 곳을 바라보면서 의식적으로 눈의 피로를 풀어 주는 것이 좋다.

다음을 바르게 쓰고 또박또박 읽어 보세요.
교통 약자석이란 어떤 자리일까요?

※ 국어활동 5-1나 220쪽

교통 약자석이 제 기능

을 발휘하기 위해서는 적

극적인 홍보가 필요하다.

자리만 마련하는 것은 수

박 겉핥기 식의 행정에

그칠 우려가 있다.

다음 제목을 바르게 쓰고, 주장하는 글에
알맞은 제목을 쓰는 방법을 알아보세요.

✻ 국어 5-1나 248~262쪽

교통 약자석을 비워 두자

함께 지킬 때 아름다운 것, 질서

학교 폭력을 예방합시다

모든 책은 좋은 친구

아파하는 지구

숭례문에 대하여 설명한 글을 바르게 쓰고, 큰 소리로 또박또박 읽어 보세요.

※ 국어 5-1나 268~279쪽

국보는 보물의 가치가 있는 것 중에서 역사적·학술적·예술적·기술적 가치가 으뜸인 것으로, 제작 연대가 오래되고 그 시대를 대표하는 문화재입니다.

숭례문에 대하여 설명한 글을 바르게 쓰고, 큰 소리로 또박또박 읽어 보세요.

숭례문은 조선 초기에 지어진 건축물로 역사적 가치가 높고, 고려에서 조선으로 넘어오는 건축 양식의 변화를 엿볼 수 있기 때문에 국보로 지정되었습니다. 숭례문은 대한민국 국보 제1호입니다.

'녹둔도'에 나오는 다음 낱말을 바르게 쓰세요. 한자도 잘 살펴보세요.

✱ 국어 5-1 나 280~287쪽

차원	정책	하구	추정	약탈
次元	政策	河口	推定	掠奪

부임	북방	범람	퇴적	육지
赴任	北方	氾濫	堆積	陸地

국경	지역	조약	반환	귀속
國境	地域	條約	返還	歸屬

영토	기지	이주	잡초	기대
領土	基地	移住	雜草	期待

다음을 바르게 쓰고, 텃새와 철새에 대하여 이야기해 보세요.

우리는 주위에서 많은 새를 봅니다. 새 중에는 참새나 까치와 같이 늘 한 고장에 머물러 사는 텃새가 있고, 제비나 기러기와 같이 계절에 따라 사는 곳을 옮기는 철새가 있습니다.

새의 이름을 바르게 쓰고, 영어도 잘 살펴보세요.
각 새에 대하여 알아보세요.

✱ 국어 5-1 나 288~291쪽

sparrow[spǽrou]
스패로우

참새

penguin[péŋgwin]
펭귄

펭귄

magpie[mǽgpài]
매그파이

까치

eagle[íːgl]
이이글

독수리

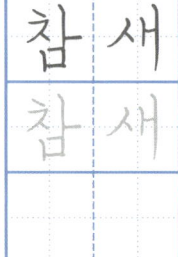
woodpecker[wúdpèkər]
우드페커

딱따구리

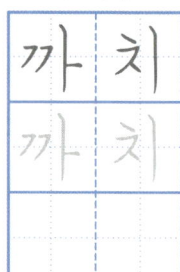
wild goose[wáild gúːs]
와일드 구우스

기러기

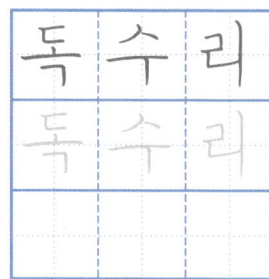
turkey[tə́ːrki]
터어키

칠면조

owl[ául]
아울

부엉이

owl[ául]
아울

올빼미

flamingo[fləmíŋgou]
플러밍고우

플라밍고

✱부엉이와 올빼미는 영어로 똑같이 owl이며, 모습도 비슷하여 헷갈리기 쉽습니다. 부엉이에게는 올빼미와 달리 귀깃이 있습니다.

122 글씨쓰기와 받아쓰기

새의 이름을 바르게 쓰고, 영어도 잘 살펴보세요.
각 새에 대하여 알아보세요.

* 국어 5-1나 288~291쪽

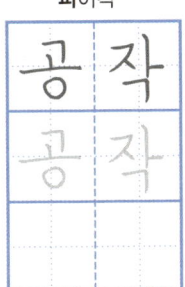
peacock [píːkàk]
피이칵

공작
공작

duck [dʌ́k]
덕

오리
오리

ostrich [ɔ́ːstritʃ]
오오스트리취

타조
타조

parrot [pǽrət]
패럿

앵무새
앵무새

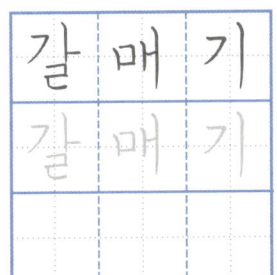
sea gull [síː gʌ́l]
씨이 걸

갈매기
갈매기

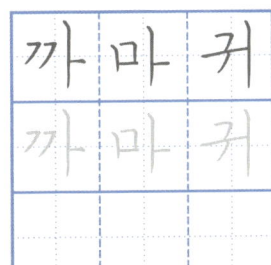
crow [króu]
크로우

까마귀
까마귀

kingfisher [kíŋfìʃər]
킹피셔

물총새
물총새

swallow [swálou]
스왈로우

제비
제비

pigeon [pídʒən]
피전

비둘기
비둘기

pelican [péləkən]
펠러컨

펠리컨
펠리컨

chicken [tʃíkən]
치컨

닭
닭

＊chicken은 주로 어린 닭을 가리키며, 암탉은 hen,
수탉은 cock 또는 rooster라고 합니다.

'훈민가'를 바르게 쓰고 실감 나게 읽어 보세요.
지은이는 무엇을 말하고 싶었을까요?

✱ 국어 5-1나 302~304쪽

어버이 살아 계실 때

섬기기를 다 하여라

지나간 후면 애달프다

어이하리

평생에 다시 못 할 일

이 이뿐인가 하노라

'훈민가'를 바르게 쓰고 실감 나게 읽어 보세요.
지은이는 무엇을 말하고 싶었을까요?

✱ 국어 5-1나 302~304쪽

이고 진 저 늙은이 짐

풀어 나를 주오

나는 젊었으니 돌인들

무거울까

늙기도 서러운 것인데

짐까지 지실까

다음 시를 바르게 쓰고 큰 소리로 읽어 보세요.
여러분도 짧은 시를 지어 보세요.

❋ 국어활동 5-1나 244~247쪽

　언젠가는 나도

　다른 사람을 이해하는

　넓은 마음을 가질 수 있

겠지

　지금은 작은 일에도 속

상해하지만

　언젠가는 나도 다른 사

람의 잘못을

다음 시를 바르게 쓰고 큰 소리로 읽어 보세요.
여러분도 짧은 시를 지어 보세요.

웃으며 받아 줄 수 있겠지

좀 더 깊이 생각하고

좀 더 넓게 이해한다면

언젠가는 나도

넉넉히 품어 줄 수 있는 그런 마음을 가진

멋진 사람이 되겠지

다음을 바르게 쓰고 큰 소리로 읽어 보세요.
말하는이가 달라지면 이야기가 어떻게 바뀌나요?

신문 기자들은 내가 돼지 두 마리를 먹어 치웠다는 걸 알아냈어. 그들은 감기에 걸린 늑대가 설탕 한 컵 얻으러 왔다는 이야기는 독자의 흥미를 끌지 못할 거라고 생각했지. 그래서 '코를 벌름거리며

다음을 바르게 쓰고 큰 소리로 읽어 보세요.
말하는이가 달라지면 이야기가 어떻게 바뀌나요?

✽ 국어 5-1나 305~315쪽

숨을 들이마신 다음, 입김을 세게 불어 집을 부숴 버렸다'는 이야기를 꾸며 낸 거야. 나를 커다랗고 고약한 늑대로 만들었지. 이렇게 된 거야. 이게 바로 진짜 이야기지. 나는 누명을 썼다고.

12단원 문학에서 찾는 즐거움

다음을 글씨를 쓰는 순서에 맞게 바르게 쓰고, 〈빨강 연필〉을 실감 나게 소리 내어 읽어 보세요.

✽ 국어 5-1나 316~320쪽

| 빨강 연필 | 글짓기 | 의욕 | 주제 |

| 다시 한 번 | 부주의 | 입김 | 걸레 |

| 왠지 | 시식회 | 마른기침 | 당혹감 |

| 털썩 | 엉거주춤 | 새삼 | 깍지 | 주문 |

다음을 글씨를 쓰는 순서에 맞게 바르게 쓰고, 〈빨강 연필〉을 실감 나게 소리 내어 읽어 보세요.

✱ 국어 5-1나 316~320쪽

| 어정쩡하게 | 정정당당 | 어쨌든 |

| 비밀 일기장 | 충격 | 기쁨 | 슬픔 |

| 거짓말쟁이 | 걱정스레 | 보건실 |

| 상황 | 능력 | 액자 | 퇴장 | 남몰래 |

12단원 문학에서 찾는 즐거움

다음의 속담을 바르게 쓰고 읽어 보세요.
각 속담의 뜻을 알아보세요.

✱ 국어활동 5-1나 265~270쪽

아니 땐 굴뚝에 연기 날까
아니 땐 굴뚝에 연기 날까

아 해 다르고 어 해 다르다
아 해 다르고 어 해 다르다

약방에 감초
약방에 감초

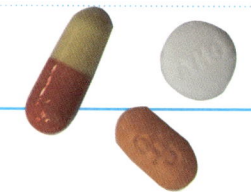

입에 쓴 약이 병에는 좋다
입에 쓴 약이 병에는 좋다

자라 보고 놀란 가슴 솥뚜껑 보고 놀란다
자라 보고 놀란 가슴 솥뚜껑 보고 놀란다

다음의 속담을 바르게 쓰고 읽어 보세요.
각 속담의 뜻을 알아보세요.

작은 고추가 더 맵다

작은 고추가 더 맵다

쥐구멍에도 볕 들 날이 있다

쥐구멍에도 볕 들 날이 있다

지렁이도 밟으면 꿈틀한다

지렁이도 밟으면 꿈틀한다

찬물도 위아래가 있다

찬물도 위아래가 있다

참새가 방앗간을 그저 지나랴

참새가 방앗간을 그저 지나랴

다음의 속담을 바르게 쓰고 읽어 보세요.
각 속담의 뜻을 알아보세요.

✲ 국어활동 5-1나 265~270쪽

천 리 길도 한 걸음부터

천 리 길도 한 걸음부터

친구는 옛 친구가 좋고 옷은 새 옷이 좋다

친구는 옛 친구가 좋고 옷은 새 옷이 좋다

칼도 날이 서야 쓴다

칼도 날이 서야 쓴다

칼로 물 베기

칼로 물 베기

콩 심은 데 콩 나고 팥 심은 데 팥 난다

콩 심은 데 콩 나고 팥 심은 데 팥 난다

다음의 속담을 바르게 쓰고 읽어 보세요.
각 속담의 뜻을 알아보세요.

콩밭에 가서 두부 찾는다

콩밭에 가서 두부 찾는다

타고난 재주 사람마다 하나씩은 있다

타고난 재주 사람마다 하나씩은 있다

터를 닦아야 집을 짓는다

터를 닦아야 집을 짓는다

토끼 둘을 잡으려다가 하나도 못 잡는다

토끼 둘을 잡으려다가 하나도 못 잡는다

티끌 모아 태산

티끌 모아 태산

다음의 속담을 바르게 쓰고 읽어 보세요.
각 속담의 뜻을 알아보세요.

※ 국어활동 5-1나 265~270쪽

평안 감사도 저 싫으면 그만이다
평안 감사도 저 싫으면 그만이다

피는 물보다 진하다
피는 물보다 진하다

하나만 알고 둘은 모른다
하나만 알고 둘은 모른다

하늘이 무너져도 솟아날 구멍은 있다
하늘이 무너져도 솟아날 구멍은 있다

50가지 명언 쓰기

명언이란 감동과 교훈을 주거나, 학문 등의 핵심 내용을 간결하고 명쾌하게 표현한 세계적인 위인·유명인의 발언이나 문장을 이릅니다. 그들의 특별하고 다양한 체험과 깊은 성찰 끝에 나온 만큼 명언은 우리가 살아가는 데 훌륭한 나침반이 되어 주지요.

거짓말은 눈사람과 같아서 굴리면

굴릴수록 더 커진다. -루터

건강한 신체에 건강한 정신이

깃든다. -유베날리스

겨울이 오면 봄이 멀지 않다. -셸리

고기가 탐나거든 그물을 짜라. -힐티

고난이 크면 클수록 영광도 크다. -키케로

그래도 지구는 돈다. -갈릴레이

50가지 명언 쓰기

명언이란 감동과 교훈을 주거나, 학문 등의 핵심 내용을 간결하고 명쾌하게 표현한 세계적인 위인·유명인의 발언이나 문장을 이릅니다. 명언을 바르게 쓰고, 각 명언을 큰 소리로 읽어 보세요.

끝을 맺기를 처음과 같이 하면 실패가

없다.-노자

나는 생각한다.고로 존재한다.-데카르트

나는 승리를 훔치지 않는다.-알렉산더 대왕

나는 신문 없는 정부보다 정부 없는

신문을 택하겠다.-제퍼슨

남을 비판하는 사람은 남을 사랑할

시간이 없다.-테레사 수녀

50가지 명언 쓰기

명언이란 감동과 교훈을 주거나, 학문 등의 핵심 내용을 간결하고 명쾌하게 표현한 세계적인 위인 · 유명인의 발언이나 문장을 이릅니다. 명언을 바르게 쓰고, 각 명언을 큰 소리로 읽어 보세요.

너 자신을 알라. - 소크라테스

높이 나는 갈매기가 멀리 본다. - 버크

뜻이 있는 곳에 길이 있다. - 버나드 쇼

마음이 천국을 만들기도 하고 지옥을 만들기도 한다. - 밀턴

말은 행동의 거울이다. - 솔론

말해야 할 때를 아는 사람은 침묵해야 할 때도 안다. - 아르키메데스

50가지 명언 쓰기

명언이란 감동과 교훈을 주거나, 학문 등의 핵심 내용을 간결하고 명쾌하게 표현한 세계적인 위인·유명인의 발언이나 문장을 이릅니다. 명언을 바르게 쓰고, 각 명언을 큰 소리로 읽어 보세요.

내 사전에 불가능이란 말은 없다.-나폴레옹

모욕은 잊어버리되 친절은 결코 잊지
말아라.-공자

바보도 때로는 좋은 충고를 한다.-겔리우스

부지런한 꿀벌은 슬퍼할 틈이 없다.-블레이크

비록 내일 지구의 종말이 온다 하여도 나는
오늘 한 그루의 사과나무를 심겠다.-스피노자

세월은 사람을 기다리지 않는다.-도연명

50가지 명언 쓰기

명언이란 감동과 교훈을 주거나, 학문 등의 핵심 내용을 간결하고 명쾌하게 표현한 세계적인 위인·유명인의 발언이나 문장을 이릅니다. 명언을 바르게 쓰고, 각 명언을 큰 소리로 읽어 보세요.

소년이여, 야망을 가져라. - 클라크

시간은 금이다. - 프랭클린

아는 것이 힘이다. - 베이컨

악법도 법이다. - 소크라테스

예술은 길고 인생은 짧다. - 히포크라테스

오늘 할 수 있는 일은 내일로 미루지 마라. - 제퍼슨

왔노라, 보았노라, 이겼노라. - 카이사르

50가지 명언 쓰기

명언이란 감동과 교훈을 주거나, 학문 등의 핵심 내용을 간결하고 명쾌하게 표현한 세계적인 위인·유명인의 발언이나 문장을 이릅니다. 명언을 바르게 쓰고, 각 명언을 큰 소리로 읽어 보세요.

용서는 최고의 복수이다.-빌링스

위급한 때일수록 힘보다는 지혜가 필요하다.-이솝

인간은 만물의 척도이다.-프로타고라스

인간은 생각하는 갈대이다.-파스칼

인내는 쓰다. 그러나 그 열매는 달다.-루소

자신감은 성공의 제1비결이다.-에머슨

자신에게 이기는 것이 진정한 승리이다.-네루

50가지 명언 쓰기

명언이란 감동과 교훈을 주거나, 학문 등의 핵심 내용을 간결하고 명쾌하게 표현한 세계적인 위인·유명인의 발언이나 문장을 이릅니다. 명언을 바르게 쓰고, 각 명언을 큰 소리로 읽어 보세요.

자연으로 돌아가라. - 루소

자유가 아니면 죽음을 달라. - 헨리

증오는 그 마음을 품는 자에게 다시
돌아간다. - 베토벤

진실성이 결여된 칭찬은 아첨일 뿐이다. - 위고

책 속에 길이 있다. - 디즈레일리

충고는 남이 모르게 하고,

칭찬은 공공연히 하라. - 시루스

50가지 명언 쓰기

명언이란 감동과 교훈을 주거나, 학문 등의 핵심 내용을 간결하고 명쾌하게 표현한 세계적인 위인·유명인의 발언이나 문장을 이릅니다. 명언을 바르게 쓰고, 각 명언을 큰 소리로 읽어 보세요.

절망은 죽음에 이르는 병이다.―키에르케고르

친구를 가까이하라. 그리고 적은 더 가까이하라.―만델라

펜은 칼보다 강하다.―리턴

학문에는 왕도가 없다.―유클리드

황금을 보기를 돌같이 하라.―최영

훌륭한 충고보다 값진 선물은 없다.―에라스뮈스

희망 속에 행복이 있다.―포

단원별 받아쓰기 급수표

- 어린이가 틀리기 쉬운 낱말·구절·문장을 단원별로 정리하고, 띄어써야 할 곳을 ∨로 표시하였습니다.
- 부모님이나 선생님께서 또박또박 불러 주시고, 어린이가 공책이나 별지에 받아쓰게 하세요.
- 띄어쓰기에도 주의하게 합니다.
- 받아쓰기를 마친 다음에는 반드시 체크하고, 틀린 곳은 정확히 익힐 수 있도록 이끌어 주세요.

1단원 1step 단원별 받아쓰기 급수표

① 내∨화분에∨물∨줄∨때마다
② 옮겨∨심으라∨하실∨때
③ 친구와∨나눠∨쓴∨우산
④ 시린∨반도∨훈훈하고
⑤ 남이∨잘되는∨것을∨보면
⑥ 옳고∨그른∨것을∨가리기는커녕
⑦ 잔뜩∨거드름을∨피웠다.
⑧ 불도∨때지∨않은∨차디찬∨방에
⑨ 얼굴이∨시뻘겋게∨변하며
⑩ 눈∨하나∨깜짝하지∨않고

1단원 2step 단원별 받아쓰기 급수표

① 밀창문을∨거세게∨밀어젖혔다.
② 저놈의∨호적은∨오송망송하여
③ 흐르는∨물처럼∨줄줄∨엮어∨내려갔다.
④ 서슬∨푸른∨목소리로∨명령했다.
⑤ 울음∨섞인∨소리로∨대답했다.
⑥ 한∨번만∨용서해∨주십시오.
⑦ 바위에∨웅크려∨앉았다.
⑧ 너무∨몹쓸∨짓을∨많이∨했어.
⑨ 병들어∨누워∨계신∨어머니께
⑩ 옹고집의∨귀에∨똑똑히∨들렸다.

1단원 3step 단원별 받아쓰기 급수표

① 감쪽같이∨눈앞에서∨사라졌다.
② 단숨에∨집으로∨달려갔다.
③ 친구와∨나눠∨쓴∨우산
④ 진짜∨멋진∨것∨같아.
⑤ 가난에∨시달리고∨있는∨어린이들
⑥ 집안∨형편이∨어려워
⑦ 보호받아야∨하는∨소중한∨존재
⑧ 열∨시간∨가까이∨공부를∨하는∨것이
⑨ 하루∨밥∨세끼에∨간식까지
⑩ 뱀같이∨구불구불한∨글자로∨쓴∨편지

1단원 4step 단원별 받아쓰기 급수표

① 아침부터∨머리맡이∨시끄럽다.
② 너도나도∨한∨마디씩∨하기∨시작했다.
③ 시장통이∨따로∨없었다.
④ 긴∨빗자루로∨폐지함을∨두드리며
⑤ 저마다∨흥분해서∨떠드느라
⑥ 아빠가∨구시렁대는∨소리가∨들렸다.
⑦ 왠지∨속이∨시원했다.
⑧ 나를∨본체만체∨빨리∨걷기∨시작했다.
⑨ 집에∨올∨때도∨따로따로∨왔다.
⑩ 이번에는∨몇∨발짝이나∨차이가∨날까?

2단원 5step 단원별 받아쓰기 급수표

① 여럿이∨함께∨의견을∨나누다∨보면
② 물이∨많이∨필요하지∨않은∨작물
③ 작년보다∨키도∨크고∨몸무게도∨늘었는데
④ 체격∨좋아진∨청소년
⑤ 어떻게∨하면∨고양이를∨쫓아내고
⑥ 아니야,∨할∨수∨있어.
⑦ 유령은∨밤에만∨일어나∨돌아다녀요.
⑧ 이야기를∨여러∨번∨고치고∨고쳐
⑨ 고양이는∨물을∨아주∨싫어한대.
⑩ 화난∨표정,∨웃는∨표정,∨삐친∨표정

2단원 6step 단원별 받아쓰기 급수표

① 만화∨영화에는∨배경∨그림도∨필요해.
② 본격적으로∨스토리보드를∨만들어∨볼까?
③ 이∨장면에서∨저∨장면으로
④ 한∨동작씩∨따로따로∨그렸어요.
⑤ 방금∨그린∨그림∨석∨장을
⑥ 자연스럽게∨움직이는∨것처럼
⑦ 이리저리∨색깔을∨바꿔∨가며
⑧ 영사실은∨으스스한∨분위기가∨나도록
⑨ 뒤에∨있는∨배경을∨보이게∨하면
⑩ 마치∨진짜∨유령이∨나타난∨듯

3단원 7step 단원별 받아쓰기 급수표

① 손이∨큰∨어머니께서는
② 아무래도∨깽깽이꾼이∨더∨정겹지요.
③ 한∨무리∨사람들이∨몰려오는데,
④ 난∨어깨가∨으쓱하였다오.
⑤ 도망가는∨쥐∨흉내를∨내고∨있을∨때
⑥ 무릎을∨치며∨웃는∨거요.
⑦ 이번엔∨범∨걸음새∨흉내를∨내었소.
⑧ 구경꾼들은∨나를∨들쳐업고
⑨ 이곳저곳을∨떠돌며∨깽깽이를∨켠다오.
⑩ 이야기꾼에게∨엿듣고∨배운∨가락

3단원 8step 단원별 받아쓰기 급수표

① 고려청자는∨대한민국의∨얼굴
② 1학년∨때가∨엊그제∨같은데
③ 친구와∨사이좋게∨지내기
④ 서로∨하고∨싶은∨이야기도∨나누면서
⑤ 별꽃이∨하나둘∨피어나고∨있었다.
⑥ 사귄∨지가∨백∨년도∨더∨되는
⑦ 외롭거나∨어려울∨때에
⑧ 잠시도∨쉬지∨않고∨그길로
⑨ 한창∨돈을∨벌어야∨할∨대목에
⑩ 마음이∨따뜻해지는∨것을∨느꼈다.

4단원 9step  단원별 받아쓰기 급수표

①폴짝폴짝∨산자락을∨오르는데
②파도가∨달려와∨앞발을∨잡고
③바다가∨갈고∨다듬어∨놓은
④책상∨모서릴∨흘겨보았다.
⑤누군가∨부딪혀∨아파했겠지.
⑥불∨켜고∨공부하고∨있으면
⑦뚱뚱하고∨키도∨커졌다.
⑧추켜들었던∨고개를∨꺾어
⑨고여∨있거나∨흐르기만∨하는∨것은
⑩뒷걸음질하면∨멀어지겠지

4단원 10step  단원별 받아쓰기 급수표

①하늘에서∨깜박이는∨작은∨별들
②내∨안에는∨참∨많은∨내가∨있다.
③자음과∨모음을∨합쳐∨스물네∨자
④소문자와∨대문자를∨모두∨합친∨쉰두∨글자
⑤천∨글자만∨알면∨어느∨정도
⑥한글은∨글자와∨소리가∨같기∨때문에
⑦거짓말하는∨나,∨게으름∨피우는∨나
⑧나를∨끌고∨가기도∨한다.
⑨큰∨것만∨있다면∨얼마나∨재미없겠니?
⑩바다에∨수없이∨떠∨있는∨섬

5단원 11step  단원별 받아쓰기 급수표

①평화를∨사랑하는∨우리의∨민족성
②건,∨곤,∨감,∨이의∨사괘는
③언제∨어디에서나∨노래를∨즐겨∨불렀습니다.
④꿋꿋하고∨소박한∨느낌을∨줍니다.
⑤황해도와∨평안도∨지방을∨중심으로
⑥맑고∨경쾌한∨느낌이∨특징입니다.
⑦광합성을∨통하여∨양분을∨만들지만
⑧좁쌀과∨같이∨작은∨공기주머니가
⑨순식간에∨벌레를∨빨아들입니다.
⑩벌레는∨질식하여∨죽게∨됩니다.

5단원 12step  단원별 받아쓰기 급수표

①청군과∨백군으로∨나뉘어
②우리∨반은∨강당∨겸∨체육관에∨모여
③내∨동생은∨이제∨열∨살인데
④자랑스럽기도∨하고∨부럽기도∨하다.
⑤모기한테∨다섯∨군데나∨물렸다.
⑥닭을∨삼십∨마리나∨키우신다.
⑦비행기를∨타∨본∨적이∨없기∨때문에
⑧거짓말을∨할∨수밖에∨없었다.
⑨배가∨아플∨만큼∨많이∨먹었다.
⑩오천∨원짜리∨지폐∨속∨그림∨이야기

5단원 13step 단원별 받아쓰기 급수표

① 오른쪽에는∨신사임당의∨아들인∨이이가
② 몽룡실∨뒤쪽으로는∨대나무∨숲이
③ 여덟폭∨병풍에∨그려진∨그림
④ 상대적으로∨힘이∨약한∨쿠웨이트는
⑤ 지구∨상의∨모든∨나라가∨평화를∨이루려면
⑥ 다른∨나라의∨영토를∨빼앗기∨위해
⑦ 국가∨간∨평화와∨안전을∨유지하는∨역할
⑧ 인간이∨행복하게∨잘∨살기∨위해서는
⑨ 유엔의∨기구∨중에서∨가장∨두드러진
⑩ 영어로∨처리하는∨데에∨동의하면

6단원 14step 단원별 받아쓰기 급수표

① 가는∨말이∨고와야∨오는∨말이∨곱다.
② 말이∨씨∨된다.
③ 화살은∨쏘고∨주워도∨말은∨하고
④ 말이∨많으면∨쓸∨말이∨적다.
⑤ 친구들이∨나에게∨용기를∨주었어.
⑥ 꼴찌를∨벗어나지∨못한∨소년이었다.
⑦ 노력만∨하면∨무엇이든∨할∨수∨있다.
⑧ 사람은∨말의∨열매를∨먹고∨산다.
⑨ 놀림과∨따돌림을∨받던∨흑인∨소년
⑩ 말∨속에는∨놀라운∨비밀이∨숨겨져∨있다.

6단원 15step 단원별 받아쓰기 급수표

① 왜소한∨몸집에∨말을∨더듬었지만
② 세계에서∨존경받는∨기업
③ 친구들∨앞에서∨창피를∨당했지만
④ 거짓말쟁이의∨냄새를∨구분해∨낼∨수
⑤ 우리∨집∨찻잔이∨예쁘다고∨칭찬하면
⑥ 내가∨어머니의∨성격을∨많이∨닮았다고
⑦ 인내심이∨강하면서도∨열정적인∨분
⑧ 내∨귓전에∨맴도는∨것∨같다.
⑨ 책∨읽는∨시간이∨해마다∨줄어든다는
⑩ 얼음과∨눈덩이로∨집을∨짓는다.

7단원 16step 단원별 받아쓰기 급수표

① 고을∨일을∨하는∨틈틈이∨한가로울∨때면
② 고추장∨작은∨단지를∨하나∨보내니
③ 꿈을∨나르는∨책∨아주머니
④ 우리∨가족은∨아주아주∨높은∨곳에서∨산다.
⑤ 또각거리는∨말발굽∨소리가∨들린다.
⑥ 황금이라도∨본∨것처럼∨반짝거린다.
⑦ 산기슭을∨따라∨애써∨짊어지고∨온∨것이
⑧ 책∨따위를∨살∨수∨없는∨건∨당연하다.
⑨ 채소∨한∨소쿠리도∨받지∨않는다.
⑩ 한밤중에∨도둑고양이가∨울어∨대듯

7단원 17step 단원별 받아쓰기 급수표

① 초록빛∨나뭇잎을∨갉아∨먹기
② 먹고∨자라는∨것만이∨삶의∨전부는∨아닐∨거야.
③ 오랫동안∨그늘과∨먹이를∨제공해∨준
④ 풀과∨흙,∨작은∨곤충들.
⑤ 유난히∨가슴이∨설레었습니다.
⑥ 무척∨바삐∨기어가고∨있는∨애벌레∨떼
⑦ 오로지∨남을∨딛고∨올라서야∨한다는
⑧ 혼잣말을∨한∨것뿐이야.
⑨ 얼굴을∨붉히며∨재빨리∨덧붙였습니다.
⑩ 커다란∨공처럼∨몸을∨둥글게∨말았습니다.

8단원 18step 단원별 받아쓰기 급수표

① 김치∨같지∨않은∨김치의∨별난∨이름
② 눈을∨밟을∨때처럼∨서걱거리는∨소리
③ 신선한∨양념∨맛으로∨먹는∨김치
④ 국물을∨흥건하게∨부어∨담근∨하얀∨물김치
⑤ 해산물을∨넣고∨고춧가루로∨연분홍빛을∨낸
⑥ 이제∨막∨맛있게∨익어∨가는
⑦ 땅속에∨묻어∨둔∨김장독에서
⑧ 해∨줄∨사람은∨생각지도∨않는데
⑨ 김칫국∨채어∨먹은∨거지∨떨듯
⑩ 큰일을∨한∨것처럼∨으스대거나

8단원 19step 단원별 받아쓰기 급수표

① 알을∨품은∨지∨20일째∨되던∨날
② 앞발로∨알을∨감싸∨안았다.
③ 피부색이∨엷은∨자줏빛으로∨변하고∨있다는
④ 출중한∨인물이∨될∨거야.
⑤ 답답하다는∨듯∨호들갑을∨떨었다.
⑥ 나는∨날아다니고∨싶지∨않단∨말야.
⑦ 너도∨미친∨게∨틀림없어.
⑧ 아기∨갈매기의∨모습이∨눈에∨띄지∨않았다.
⑨ 네가∨우리와∨다르다는∨사실이
⑩ 그건∨침팬지의∨말이∨옳아.

9단원 20step 단원별 받아쓰기 급수표

① 몇∨달째∨병원에∨입원해∨계시던
② 우리∨가족∨모두는∨가슴이∨미어졌습니다.
③ 그∨반년은∨날마다∨겨울이었습니다.
④ 겨울이∨가고∨봄이∨온∨뒤에도
⑤ 장갑을∨끼고∨목도리까지∨두른∨채
⑥ 바나나∨껍질을∨밟고∨미끄러졌습니다.
⑦ 잠시∨넋을∨놓고∨있던∨장이가
⑧ 그들과∨반대∨방향으로∨걸음을∨틀었다.
⑨ 숨이∨가빠∨목소리도∨나오지∨않았다.
⑩ 최∨서쾌의∨눈이∨휘둥그레졌다.

9단원 21step 단원별 받아쓰기 급수표

① 우왕좌왕∨방향을∨잡지∨못했다.
② 눈에서∨뜨거운∨눈물이∨쏟아졌다.
③ 손마디가∨빨갛게∨부어올랐다.
④ 벌떡∨일어나∨달리기∨시작했다.
⑤ 그때∨서고∨문이∨벌컥∨열렸다.
⑥ 부인의∨눈이∨커지며∨몸이∨휘청했다.
⑦ 온갖∨궂은∨일을∨마다하지∨않고
⑧ 구두쇠처럼∨독하게∨돈을∨모은다고
⑨ 냉면∨그릇을∨깨끗이∨비웠습니다.
⑩ 공부하기∨싫어도∨늘∨책과∨벗해라.

10단원 22step 단원별 받아쓰기 급수표

① 앞으로는∨동생과∨사이좋게∨지낼게요.
② 스마트폰이∨눈∨질환∨부른다
③ 안구∨건조증, 청년∨노안, 거짓∨근시∨등
④ 화면과∨눈∨사이의∨거리를∨30센티미터∨이상
⑤ 아파트에서∨애완동물을∨기르지∨맙시다
⑥ 이웃에게∨피해를∨줄∨수∨있습니다.
⑦ 주민∨여러분의∨협조를∨부탁드립니다.
⑧ 하루을∨기분∨좋게∨시작할∨수∨있다.
⑨ 점심시간과∨방과∨후∨시간을
⑩ 교실∨청소는∨아침∨시간에∨해야∨한다.

10단원 23step 단원별 받아쓰기 급수표

① 함께∨지킬∨때∨아름다운∨것, 질서
② 모든∨책은∨좋은∨친구이다
③ 학교∨폭력을∨예방합시다
④ 아파하는∨지구
⑤ 운동장에서∨실내화를∨신고∨다니는∨학생
⑥ 우르르∨몰려가∨의자에∨앉다가
⑦ 교통∨약자석을∨비워∨두자
⑧ 제∨기능을∨발휘하기∨위해서는
⑨ 타인을∨배려하는∨넓고∨아름다운∨마음
⑩ 수박∨겉핥기∨식의∨행정

11단원 24step 단원별 받아쓰기 급수표

① 숭례문은∨대한민국∨국보∨제1호입니다.
② 건축∨양식의∨변화를∨엿볼∨수
③ 남쪽을∨매우∨중요하게∨생각하였습니다.
④ 임금이∨몸소∨기청제와∨기우제를∨지내는
⑤ 고려를∨무너뜨리고∨새∨나라∨조선을∨세운
⑥ 웅장한∨모습의∨숭례문으로∨거듭났습니다.
⑦ 발굴된∨문화재를∨바르게∨관리하여야
⑧ 한번∨훼손된∨문화재는∨복원하기
⑨ 우리의∨역사를∨제대로∨이해하고
⑩ 우리∨민족의∨얼과∨숨결이∨담겨∨있는

11단원 25step 단원별 받아쓰기 급수표

① 두만강을∨건너∨녹둔도에∨터전을∨마련하였다.
② 발자취를∨따라가∨볼∨수∨있는
③ 크기는∨울릉도의∨반∨정도로
④ 뒤늦게∨이∨사실을∨알게∨된∨고종이
⑤ 늪과∨모래∨언덕,∨잡초만∨무성한∨황무지
⑥ 조상의∨자취가∨곳곳에∨남아∨있다.
⑦ 나무토막은∨잃어버리기∨일쑤였지.
⑧ 흙을∨빚어∨점토판을∨만들기도∨하고,
⑨ 푹∨삶은∨다음에는∨건져∨내서
⑩ 따뜻한∨온돌∨방바닥이나∨판판한∨벽에

11단원 26step 단원별 받아쓰기 급수표

① 철새∨중에는∨여름새와∨겨울새가∨있다.
② 한∨해에∨두∨차례씩∨사는∨곳을∨옮깁니다.
③ 산을∨넘고∨바다를∨건너
④ 해마다∨두∨번씩∨하는∨까닭은
⑤ 어른∨새뿐만∨아니라∨어린∨새도
⑥ 자연의∨여러∨현상을∨자세히∨살펴보면
⑦ 지구의∨자기력을∨따라∨이동한다고
⑧ 아름답고∨순수한∨사랑∨이야기
⑨ 감사하다,∨멋지다,∨성공하다,∨편안하다
⑩ 고통스럽다,∨긴장하다,∨당황하다

12단원 27step 단원별 받아쓰기 급수표

① 어버이∨살아∨계실∨때∨섬기기를∨다∨하여라
② 평생에∨다시∨못∨할∨일이∨이뿐인가∨하노라
③ 이고∨진∨저∨늙은이∨짐∨풀어∨나를∨주오
④ 토끼나∨양이나∨돼지같이∨귀엽고∨조그만
⑤ 그때∨마침∨설탕이∨다∨떨어졌어.
⑥ 자기∨집을∨지푸라기로∨지었지∨뭐야.
⑦ 그∨지푸라기∨집이∨몽땅∨무너지고∨말았어.
⑧ 나는∨코를∨벌름거리며∨숨을∨들이마셨어.
⑨ 하지만∨감기는∨많이∨나은∨것∨같았지.
⑩ 아무∨대답이∨없었지.

12단원 28step 단원별 받아쓰기 급수표

① 세∨번째∨아기∨돼지가∨고함을∨질렀어.
② 나머지는∨너희가∨알고∨있는∨대로야.
③ 커다랗고∨고약한∨늑대로∨만들었지.
④ 늠름한∨줄무늬∨개구리가
⑤ 굵고∨큼직한∨목소리로∨노래∨부를
⑥ 다른∨사람을∨이해하는∨넓은∨마음
⑦ 좀∨더∨깊이∨생각하고
⑧ 새빨갛고∨감노랗고∨검푸르니
⑨ 색을∨여러∨가지∨느낌으로∨표현하죠.
⑩ 한국은∨함께하는∨문화가∨있어요.